BRUCKMANNS MOTORRADFÜHRER

Allgäu

ROADBOOKS – KARTEN – TIPPS

Petra Balzer

BRUCKMANN

Produktmanagement: Carl-Christian Steinbeißer
Satz: imprint, Zusmarshausen
Repro: Cromika s.a.s., Verona
Kartografie: Anneli Nau, München
Umschlaggestaltung: Zehentner & Partner, München
Printed in Italy by Printer Trento S.r.l.

Alle Angaben dieses Werkes wurden vom Autor sorgfältig recherchiert und auf den aktuellen Stand gebracht sowie vom Verlag geprüft. Für die Richtigkeit der Angaben kann jedoch keine Haftung übernommen werden. Für Hinweise und Anregungen sind wir jederzeit dankbar. Bitte richten Sie diese an:

Bruckmann Verlag
Produktmanagement
Postfach 40 02 09
D-80702 München
E-Mail: lektorat@bruckmann.de

Bildnachweis: Die Abbildungen auf dem Umschlag und im Innenteil stammen von der Autorin, außer S. 9, 24/25, 29, 41, 65, 74, 75, 81, 96, 108, 119, 121, 122, 130, 136: Arthur Brecheisen; S. 4, 5, 17, 21, 26/27, 28, 32, 37, 38/39, 42, 48/49, 50, 52, 53, 60/61, 62/63, 64, 66, 67, 76, 84, 85, 86, 87, 88, 94/95, 97, 100, 102, 106/107, 109, 111, 118/119, 120, 128/129, 131, 133, 140, 142: Hans-Joachim Arndt
Umschlagvorderseite: Heinz E. Studt

Die Deutsche Nationalbibliothek – CIP-Einheitsaufnahme
Ein Titeldatensatz für diese Publikation ist bei der Deutschen Nationalbibliothek erhältlich.

2. aktualisierte Auflage

ISBN: 978-3-7654-5223-9

Weitere Titel aus der Reihe
BRUCKMANNS MOTORRADFÜHRER

ISBN 978-3-7654-4632-0

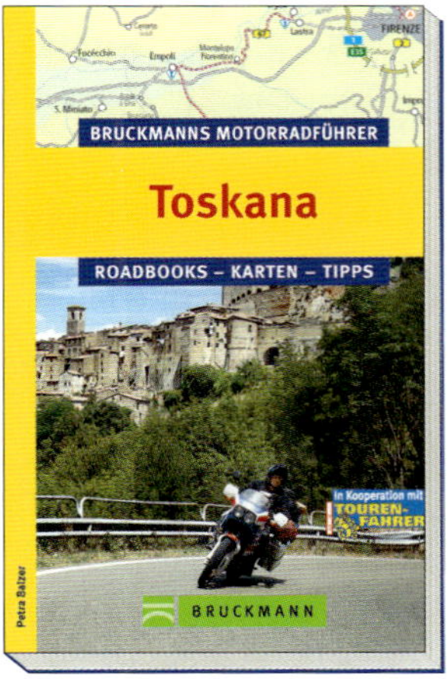

ISBN 978-3-7654-4853-9

ISBN 978-3-7654-4843-0

Oberitalienische Seen
ISBN 978-3-7654-4852-2

Alpenpässe
ISBN 978-3-7654-5224-6

Vogtland
ISBN 978-3-7654-5015-0

Schwarzwald
ISBN 978-3-7654-4882-9

Nordrhein-Westfalen
ISBN 978-3-7654-4842-3

Das komplette Programm unter
www.bruckmann.de

BRUCKMANN

Inhalt

Allgäu – Land und Leute

Wo braunes Vieh auf sattgrünen Wiesen grast und man Schupfnudeln oder Kässpatzen genießt, dort ist das Allgäu. Eine Region, die die Kurgäste nach Bad Wörishofen lockt, Höhenwanderer und Skifahrer ruft und Kulturpilger mit einer Vielzahl von Schlössern und barocken Kirchen anzieht. Es bleibt kein Wunsch offen.

Dramatische Berglandschaften, saftiges Grün und kristallklare Seen unter weißblauem Himmel buhlen um die Gunst der Motorradfahrer, die sich Passstraßen und grandiose Kurven entlangschrauben und die große Palette an Landschaftseindrücken suchen: Vom Hochgebirge über die grünen Berghänge der Voralpen bis zu den Ausläufern von Nord- und Mittelschwaben bietet sich fürs Auge und Bikerherz Genuss pur.

Wer ins Allgäu fährt, fährt eigentlich nach Bayern. Eigentlich, weil die Allgäuer keine Bayern sind, auch wenn der Tourismus mit Slogans wie »Auf nach Bayern« wirbt. Der größte Teil des Allgäus zählt nämlich zum Bundesland Baden-Württemberg. Der Unterschied zwischen Bayern und Allgäuern macht sich bereits bei der Sprache bemerkbar, denn die Mundart ist schwäbisch-alemannisch geprägt.

Ausblick auf den Forggensee

Staats- oder Landesgrenzen können das Allgäu nicht klar umreißen; es ist also schwierig festzulegen, wo genau das Allgäu überall ist, obwohl die politischen Grenzen des heutigen Allgäus durch das Ende der napoleonischen Kriege 1805 gesteckt wurden. Von der Urlaubslandschaft Allgäu ist man schnell in Österreich oder in der Schweiz: Beim Erklimmen von Gipfeln oder auf dem Weg zur Fellhornbahn-Bergstation oder auf dem Großen Krottenkopf in 2657 m Höhe sind Sie mit beiden Füßen in Österreich. Es ist also immer ratsam, bei Touren im Allgäu einen Ausweis dabei zu haben.

Mediterranes Ambiente und urbayerische Idylle

Die Tourismusbranche zählt jährlich über 20 Millionen Übernachtungen, die Wochenendfahrer nicht mitgerechnet. Es wundert nicht, dass so viele Menschen ins Allgäu reisen, denn zwischen Rhein und Füssen wird alles geboten: mediterranes Ambiente am Bodensee und nur einen Katzensprung davon entfernt die Allgäuer Alpengipfel. Und trotz der Touristenflut konnten sich das Allgäu und seine geschäftstüchtigen Bewohner einen Großteil ihrer Ursprünglichkeit bewahren. Die alten Traditionen werden gepflegt, die Feste wie ehedem gefeiert und Trachten mit Stolz getragen. Im alemannischen Sprachgebrauch ist es noch üblich, Fremde zu duzen. Eine Sitte, die Bestand hat, so wie auch der alemannische und schwäbische Dialekt fortgeführt werden. Hat man den Dialekt erst einmal ein bisschen verstanden, dann entdeckt man auch seinen Charme. Das Umland des schwäbischen Meeres ist ein altes Kulturland, denn bereits in der Jungsteinzeit gab es erste Siedlungen. Am deutschen und schweizerischen Ufer fand man Überreste von über 100 prähistorischen Pfahlbau-

Die Fußgängerzone in Füssen

dörfern, in einer privilegierten Lage, die sich heute niemand mehr leisten könnte. Ab 50 v. Chr. ging es dann – in historischen Dimensionen gedacht – Schlag auf Schlag: Erst waren es die Römer, die 300 Jahre später von den Alemannen und dann von den Karolingern abgelöst wurden. Irisch-schottische Wandermönche kamen und christianisierten die Bevölkerung am See. Im Laufe der Zeit entstand aus den tiefen düsteren Wäldern und den undurchdringlichen Tälern ein fruchtbares Bauernland in Oberschwaben und später auch im Westallgäu. Die fleißigen Tuch- und Leinenweber verhalfen der Region zum Wohlstand, da ihre Produkte zu einem begehrten Handelsgut im mittelalterlichen Europa wurden. Doch einem Hoch folgt bekanntlich ein Tief; so wurde das Gebiet während der Bauernkriege in seinen Grundfesten erschüttert und gebeutelt, als sich die Bauern gegen ihre weltlichen und geistlichen Herren erhoben. Danach verwüsteten die schwedischen Truppen das Land, die während des Dreißigjährigen Krieges wie Wüteriche durch das ehedem fruchtbare Land zogen. Als wäre das nicht schon genug, musste der Allgäuer während der Pestepidemien den Verlust seiner Lieben ertragen. Vielleicht haben diese Schicksalsschläge den Menschenschlag geprägt, zu dessen Mentalität es gehört, die Ärmel hochzukrempeln, um zu »schaffe«. Die liebliche Landschaft und die kulturellen Überbleibsel machen das Allgäu zu einem Paradies, in dem nicht nur die Engel Urlaub machen.

Allgäu – idyllische Landschaft

Allgäu – das Käseland

Während der Bodensee ein internationales und mediterranes Flair besitzt, ist das Allgäu insgesamt naturnaher. Dabei sind die Begriffe »Berge, Kuhglocken und Käse« treffende Metaphern für diese Region. Im Allgäu gedeihen mehr als 400 Käsesorten. In Molkereien und Käsereien werden sie für den deutschen, aber auch den italienischen Markt produziert. Der Allgäuer Emmentaler ist der bekannteste. Wo Käse produziert wird, benötigt man Milch – entsprechend viele Kühe bevölkern die Weiden und Alpweiden. Dort kauen sie gemütlich das Gras und betrachten gemächlich mit großen runden Augen die vorüberströmenden Touristen. Die aromatischen Bergkräuter, vom Vieh weitergegeben, verleihen dem Käse die beliebte Geschmacksnote. Was die Allgäuer Alm- und Landwirtschaft an Produkten liefert, wird vom See noch kulinarisch ergänzt. Der Fisch, der bereits in ältester Zeit die Menschen um und an dem See ernährte, ist auch in unserer Zeit ein unverzichtbarer Bestandteil der Küche. Rund 200 Berufsfischer versorgen heute die Restaurantküchen mit Seeforelle, Kretzer und Blaufelchen.

Inselglück und Alpenglühen

Die mediterrane Schönheit des großen blauen Sees, auch schwäbisches Meer genannt, verdanken wir eiszeitlichen Gletschern. »Schwäbisches Meer« suggeriert sozusagen eine unermessliche Größe, die bei einer Ausdehnung von 571 km übertrieben klingt. Andererseits ist der Bodensee nach dem Balaton und dem Genfer See der drittgrößte See Mitteleuropas. Es ist also durchaus verständlich, dass die Anrainer mit stolz geschwellter Brust von ihrem »Meer« sprechen. Fast alle Städte am See liegen auch am Rhein, dem »teutschesten« Fluss, dessen Wasser insgesamt acht Wochen benötigt von der Einmündung bei Bregenz bis zum Wiederaustritt bei Stein. Das absolute Highlight ist hier der Rheinfall bei Schaffhausen, wo etwa tausend Kubikmeter Wasser mit lautem Getöse in die Tiefe stürzen. Die enorme Wasserfläche des Bodensees prägt aber nicht nur die Landschaft, sondern auch das Klima. Gerade im Herbst und Winter wirkt der See wie ein riesiges Kraftwerk. Findige Menschen haben errechnet, dass der See im Jahr eine Wärmemenge an die Luft abgibt, die der Heizkraft von 20 Tonnen Steinkohle entspricht. Andererseits bietet er an heißen Sommertagen ein laues Lüftchen, das Kühlung verspricht. Das Klima lässt die Flora blühen; besonders bekannt ist die Insel Mainau mit ihrem kunterbunten Blütenmix. Auch das Arboretum mit seinen 150 Jahre alten Mammutbäumen, das Schmetterlingshaus und das Barockschloss ziehen die Besucher in ihren Bann. Dagegen strotzt die Insel Reichenau mit ihren Obstplantagen. Die umliegenden Felder und Plantagen sind entsprechend fruchtbar und die steilen Weinhänge am Nordufer des Sees liefern edle Tropfen, die man bei einem Spaziergang in Meersburg, Konstanz oder Überlingen unter Palmen genießen kann.

Leib und Seele

Die Natur bietet der Region den Segen eines reich gedeckten Tisches. Die Küche im Allgäu ist eher schnörkellos deftig, während die Speisen am Bodensee etwas feinsinniger kredenzt werden. Bei einer kulinarischen Tour durch das Milchland Allgäu ist Käse Programm und Zubereitungen mit

Am Fuß der Märchenschlösser

Käse sind obligatorisch. Die traditionellen Gerichte in den Gasthäusern dieser Region bieten den Besuchern ein wuchtiges Erlebnis – Diätpläne sollte man also getrost verschieben oder aber zu Hause bleiben. Die Allgäuer Küche verbindet nonchalant die Geheimnisse schwäbischer und bayerischer Rezepturen, verfeinert mit Zutaten der Tiroler Küche. Denn von dort und aus Bayern kommen die Knödel, die in vielfältiger Manier zubereitet werden: Von der Suppeneinlage bis zur Nachspeise reicht hier der Erfindungsreichtum. Was aber wäre die Region ohne Spätzle – kulinarische Metapher der schwäbischen Küche, die in Oberschwaben auch »Knöpfle« genannt werden. Egal ob Knöpfle oder Spätzle – die Zutaten sind immer gleich. Mehl und Eier werden mit Wasser und Salz zu einem Teig gerührt, den man portionsweise ins siedende Wasser schabt und aufkochen lässt. Wenn sie bis an die Oberfläche aufsteigen, sind sie gar und können abgeschöpft werden.

Begegnung mit Gleichgesinnten vor der traumhaften Kulisse der Alpen

Fertig. Jetzt muss der Koch nur noch entscheiden, in welcher Variation die Spätzle serviert werden: ob zum Sonntagsbraten, als Krautspatz'n mit Sauerkraut oder als Kässpatz'n mit Allgäuer Emmentaler und Bergkäse. Den Bergkäse kann man sich aber auch zur Vesper gönnen, serviert auf einem Brotzeitbrettl mit einer ordentlichen Scheibe Bauernbrot und einem kühlen Fassbier.

Von Aal bis Zander

Wer Abwechslung zur bäuerlichen Küche sucht, muss nicht weit fahren. Am Bodensee ist die Küche etwas weltoffener und mediterraner – soll heißen, dass hier Fisch und Wein die Speisekarte dominieren. Mehr als 35 Fischarten bevölkern den See und bieten dem Genießer von Aal bis Zander

heimische Delikatessen. Dabei ist die Renke (Felchen) am häufigsten vertreten, der Aal selten und der Kretzer veredelt den Teller. Kretzer klingt zwar mehr nach Ausputzer, doch das Fleisch des Barsches ist ausgesprochen zart und aromatisch. Um solch ein Gaumenhighlight abzurunden, bedarf es noch eines süffigen regionalen Weines, dessen Trauben in den Kellereien am nördlichen See reifen. Vor allem die Müller-Thurgau-Traube wird hier geerntet, dazu gesellen sich Traminer, Ruländer und Kerner. Welcher Wein für Sie der süffigste ist, können Sie z. B. im Staatsweingut Meersburg testen. Auch Hochprozentiges entsteht in dieser Region, die Menschen dort haben sich in der Kunst des Obstbrennens weitergebildet. Ob Cox Orange oder Mirabellen – fast jedes Obst wird zu Hochprozentigem veredelt bis hin zum Tresterbrand, den man aber nur mit Vorsicht genießen sollte. Die Speisenkarte am Bodensee ist etwas »weltmännischer« als die schwäbische, die Spezialitäten von Raller, Schlettra und Lumpesuppe bis Nonnepfürzle bietet. Letztere genießt man »hindanocha«, als ein schmackhaftes Dessert aus Brandteig, mit Eiern, Zucker und Backpulver vermengt und in heißem Fett schwimmend gebacken. Starten können Sie mit d'Suppe, z. B. der Flädlesuppe, einer bäete Broatsuppe oder der Voreasse.

Hinter Raller oder Schlettra verbergen sich Brennta (Schwarzmus), Kartoffelmus oder Kässchlettra – ohne Käs goats it. Sie sehen – das Allgäu ist auch kulinarisch eine Entdeckungsreise wert.

Stadt und Land

Dem Menschenschlag des Allgäus wird nachgesagt, sehr eigenbrötlerisch zu sein, und vielfach wird es damit erklärt, dass die Menschen durch die »Vereinödung« und Aussiedlung von Bauernhöfen in der Zeit von 1540 bis 1879 in Abgeschiedenheit lebten. Dem Leben auf den Einödhöfen steht das Leben in den Städten gegenüber. Die damaligen Herrschaftsverhältnisse machten die Region im Mittelalter zu einem politischen Fleckerlteppich. Die schwäbischen Staufer und ihre Kontrahenten, die Welfen, gründeten zur Wahrung ihres Hab und Guts viele Städte. Deshalb hat das heutige Allgäu eine alte, gewachsene Stadtkultur, die durch Bürgerhäuser, Spitäler und Kirchen ihren Ausdruck erhält. Die Städte des Allgäus liegen fast alle an den alten Verbindungsstraßen am Fuße der Alpen, wie die Frundsbergstadt Mindelheim oder die Reichsstädte Memmingen, Leutkirch und Wangen. Historische Städte allesamt, für deren Besichtigung Zeit erforderlich ist.

Die Städte Füssen, Immenstadt und Sonthofen waren bedeutende Märkte an den Handelsstraßen nach Italien und zugleich auch Zentren für die bäuerliche Umgebung. Die Altstädte sind heute noch zum größten Teil eng und verwinkelt und lassen uns ahnen, wie sich auf kleinstem Raum die Vielfalt von Leben und Arbeiten mit einer zwangsweise vorhandenen Intimität und Vertrautheit im Zusammenleben ausbreitete. Eine Atmosphäre, die uns heute noch ebenso anrührt wie die eindrucksvollen Relikte der alten Städte. Die Stadttore waren aus Sparsamkeitsgründen zur Stadt hin aus einfachem Fachwerk, sie sollten nach außen hin die Macht und Bedeutung dieser Stadt zeigen. Dazu waren sie sauber aus Steinen zusammengefügt und reich geschmückt oder bemalt, wie Sie sie heute – gut restauriert – in Mindelheim, Wangen und Isny besichtigen können.

Wangen: Typische Hausfassade im Allgäu

Manchmal wurden die Tore auch zum Wahrzeichen der Stadt, beispielsweise der Fünfknopfturm der Reichsstadt Kaufbeuren. Die Tore dienten gleichsam als Zollgrenze und als Rechts- und Polizeisperre. Nachts wurden sie geschlossen und der arme »Tropf«, der zu spät kam, musste vor den Stadttoren nächtigen, den Gefahren des damaligen Lebens ausgesetzt. Die Gefahren drohten vom Menschen, etwa durch Räuberbanden und Wegelagerer, oder von der Natur – durch Unwetter und wilde Tiere –, so dass die Stadt als friedliche Insel empfunden wurde. Das friedliche Ambiente verkörpern heute die erhaltenen Stadtkerne, deren Rathäuser, Zeughäuser und Brunnen mit ihrem allegorischen Schmuck von der bürgerlichen Herrschaft zeugen.

ALLGEMEIN

Das Allgäu liegt im Süden Deutschlands und unterteilt sich in Ober- und Unterallgäu, West- und Ostallgäu. Das Oberallgäu wird durch die Allgäuer Alpen und deren Ausläufer bestimmt. Es wird von vielen als das wahre Allgäu betrachtet – vielleicht weil es den größten alpinen Anteil hat. Sowohl das Kleinwalsertal als auch die Enklave Jungholz, die beide zu Österreich zählen, gehören zum Oberallgäu. Die Landschaft des Unterallgäus wird durch die Lech-Iller-Platte bestimmt. Hochebenen, durch die sich Flüsse winden, sind ebenfalls kennzeichnend für diese Region. Die Infrastruktur ist hier dünner als im Oberallgäu, was für Touren einen besonderen Reiz darstellt. Das Ostallgäu bietet fantastische Panoramen, wenn sich die Täler zu einer Seenplatte öffnen. Das Ostallgäu ist identisch mit dem Landkreis Ostallgäu, dessen Kirchen und Kapellen eine Vielzahl von Kunstwerken beherbergen. Der Forggensee und die Traumschlösser des Märchenkönigs, des »Kini« (Ludwig II.), gehören hierher. Zwei Bundesländer, Bayern und Baden-Württemberg, teilen sich das Westallgäu, eine Region, die sich sowohl kulinarisch als auch klimatisch von den anderen Regionen des Allgäus unterscheidet.

REISEZEIT

Von Mai bis in den Oktober kann das Allgäu bereist werden. Im Frühling begeistern die erblühenden Landschaften, im Herbst die Farbpalette der Laubwälder.
In Spätsommer und Herbst sollte man jedoch für höhere Lagen bestens ausgestattet sein. Im Sommer, vor allem in der Ferienzeit und an Wochenenden, ist mit einem großen Ansturm auf alle touristischen Highlights zu rechnen.

ANREISE

Aus München kommend folgt man der A 96 in Richtung Lindau. Wenn Sie im Ostallgäu starten möchten, verlassen Sie die A 96 am besten in Landsberg und folgen der B 17 (Romantische Straße) nach Füssen. In Richtung Oberallgäu fahren Sie bei Buchloe auf die B 12 und weiter in Richtung Kempten auf die A 7 und von dort nach Nesselwang oder Oberstdorf. Aus dem Norden kommend bietet sich die A 7 an, die von Würzburg über Ulm zum Dreieck Allgäu führt. Hier entscheiden Sie sich für die Weiterfahrt in Richtung Nesselwang oder Richtung Immenstadt und Oberstdorf. Für Nordlichter ist die Anreise mit dem Autoreisezug interessant.

Autoreisezug
Von Berlin nach München/Ost
kostet in der Nebensaison die Hinfahrt im Ruhesesselwagen ca. 105 €; Kajütliegewagen, 2er Belegung ca. 116 € Schlafwagen mit Dusche und WC, 1 Abteil ca. 216 €

Von Hildesheim nach Lörrach
kostet die Hinfahrt im Einzelplatz im Liegewagen, 5er Belegung ca. 116,50€ Liegewagen, Abteilbuchung (mit bis zu 5 Pers.) ca. 256,50 €; Schlafwagen mit Dusche und WC, 1 Abteil ca. 325 €

Eine Auswahl an **Startbahnhöfen** in Deutschland:
Hamburg, Berlin, Düsseldorf, München/Ost, Hildesheim, Lörrach, Neu/Isenburg

EINKAUFEN

Im Allgäu gelten die üblichen Öffnungszeiten. Als Mitbringsel ist der Allgäuer Käse fast ein Muss. Er sollte jedoch gut eingepackt sein, wenn er gemeinsam mit anderen Reiseutensilien in Koffer oder Topcase ruht. Keramikarbeiten sind ebenfalls ein beliebtes Mitbringsel. Fleckerlteppiche, die aus Stoffresten hergestellten Allgäuer Teppiche, sind in nahezu jedem Ort zu erwerben.

INFORMATION

Fast in jeder Stadt findet sich ein Touristenbüro. Wenn Sie über einen Internetanschluss verfügen, dann finden Sie unter www.allgaeu.de oder www.allgaeu.com **Informationen** zur Urlaubsregion. Manche Orte sind ebenfalls im Web vertreten, z. B. Oberstdorf: www.oberstdorf.de.
Hier aber noch einige Adressen von Tourismusverbänden, die man auf klassischem Wege, per Telefon oder Post, erreicht:

Tourismusverband Allgäu/ Bayerisch Schwaben e.V.
Schießgrabenstr. 14
86150 Augsburg
Tel. 0821/4 50 40 10
Fax 0821/ 4 50 40 120
info@tvabs.de
www.bayerisch/schwaben.de

Gebietsgemeinschaft Allgäu-Bodensee-Oberschwaben
Für das württembergische Allgäu:
Gästeamt im Rathaus
Marktplatz 1
88239 Wangen im Allgäu
Tel. 07522/742 0
Fax 07522/111
tourist@wangen.de
www.wangen.de

Touristikverband
Lindau-Westallgäu
Stiftsplatz 4
88131 Lindau
Tel. 08382/270136
Fax 08382/270115
tourismus@landkreis-lindau.de
www.landkreis-lindau.de

Tipp

Fans des Motorsports können einen Abstecher zum Salzburgring machen oder den A1-Ring bei Zelweg in der Steiermark besichtigen.
Salzburgring 1
5325 Plainfeld
Tel. 0043/6221/73 01
Fax 0043/6221/73 03
Mobil 0043/664/326 58 93
(Anschlüsse im Zeitraum April bis November aktiv)
rennstrecke@salzburgring.com
http://www.salzburgring.com

A1-Ring
Fax 0043/3577/753 107

Tourismusverband Ostallgäu
Landratsamt Ostallgäu
Schwabenstr. 11
87616 Marktoberdorf
Tel. 08342/91 13 13
Fax 08342/91 15 51
tourismus@ostallgaeu.de

ÜBERNACHTUNGEN

Neben Hotels und Pensionen gibt es eine große Nachfrage nach Urlaub auf dem Bauernhof. Hier gilt rechtzeitiges Buchen, denn die Nachfrage ist größer als das Angebot. Informationen erhalten sie bei:

Anbietergemeinschaft Urlaub auf dem Bauernhof:
Westallgäu:
Anheggerstr. 20
88131 Lindau
Tel. 08382/30 64
Fax 08382/43 88
Oberallgäu:
Adenauerring 97
87435 Kempten
Tel. 0831/2 66 87
Fax 0831/1 61 55
Ostallgäu:
Heinzelmannstr. 14,
87600 Kaufbeuren
Tel. 08341/9 05 60,
Fax 08341/9 05 70
Unterallgäu:
Hallstattstr. 1
87719 Mindelheim
Tel. 08261/30 47
Fax 08261/2 14 25
Bei den jeweiligen Routen durch das Allgäu sind sowohl Übernachtungsmöglichkeiten als auch Restauranttipps angegeben.

www.uab-online.de oder
www.AllgaeuerSeenland.de

CAMPINGPLÄTZE

Ein Verzeichnis aller Campingplätze enthält der Prospekt »Camping in Allgäu/Bayerisch Schwaben«, der beim gleichnamigen Tourismusverband erhältlich ist.

Tourismusverband Allgäu/ Bayerisch Schwaben e.V.
Fuggerstr. 9
86150 Augsburg
Tel. 0821/33335
Fax 0821/38331
tourismus@allgaeu-bayrischschwaben.btl.de
www.btl.de/bayern

Campingplätze, die am Streckenverlauf der Routen liegen, sind dort aufgeführt. Wer das Zelten nicht dem Zufall überlassen will, findet im ADAC-Campingführer eine gute Auswahl an Campingplätzen. Eine kleine Auswahl an Plätzen bietet auch Eurocamp, die voll ausgestattete Zelte oder Bungalows anbieten. Nur der Schlafsack muss mitgebracht werden. Von Besteck und Bett bis zum Campingliege und mancherorts auch dem Grill ist alles vorhanden.
Auskunft: www.eurocamp.de

NOTRUF

Italien:
Festnetz: 0039/210 41
Handy: 0039/039 210 41

Österreich:
Festnetz: 01 251 20 60
Handy: 0043/1 251 20 60

Wenn Sie die zuständige ADAC/Notrufstation telefonisch nicht erreichen können, erhalten Sie Hilfe durch den ADAC/München, 24/Std/Service, 0049/89 22 22 22

KRANKHEIT

ADAC AmbulanceService
Der ADAC/AmbulanceService steht ADAC/Mitgliedern, ADAC/Versicherten sowie allen Hilfesuchenden zur Verfügung. Für Notfallmeldungen und/oder Transportanfragen wählen Sie bitte die für Sie zutreffende Telefonnummer:

ADAC/Mitglieder und **ADAC/Versicherte** wählen bitte:
0049 89 76 76 76

Kein ADAC/Mitglied oder **ADAC/Versicherter**, wählen Sie bitte:
0049 89 76 76 36 00

PARKEN

Die Innenstadt von Lindau ist an Wochenenden für Motorradfahrer gesperrt. Es gibt jedoch eine ausreichende Anzahl von Parkplätzen um den Hafen und in der Nähe der Innenstadt. In anderen Innenstädten herrscht z.T. ganzjährig Nachtfahrverbot. Hinweise hierzu finden Sie bei den jeweiligen Routen und in den Roadbooks.

TELEFONIEREN

Fast alle Telefonzellen nur noch mit Telefonkarten, die es bei Postämtern und Tankstellen gibt.

MOTORRADFAHREN

Wechselbad der Temperaturen
Beim Touren durch die Alpen und im Alpenvorland muss man mit schnellen Wetterveränderungen und damit verbundenen Temperaturschwankungen rechnen. In höheren Lagen ist es zudem wesentlich frischer – auch bei herrlichstem Sonnenschein. Deshalb kann man einem Wechselbad der Gefühle von Frieren bis Schwitzen ausgesetzt sein. Gerade das Erklimmen kühner Passstraßen kann zu Erkältungen führen; die Gefahr besteht, dass man bei kühler Witterung und Fahrtwind auskühlt und die Kraft nachlässt, Bremse und Kupplung mühelos zu bedienen. Am besten ist es, sich bei solchen Touren nach dem Zwiebelprinzip zu kleiden. Atmungsaktive Motorrad- oder Sportunterwäsche sowie Hemd/Bluse und Pullover unter der Motorradjacke sorgen für ein flexibles Handling der Temperaturschwankungen.

St. Ulrich in Augsburg

Bayerische Wälder locken mit Kurvenrausch

Glücklich, wer Griffheizung und Regenkombi sein Eigen nennt und außerdem noch Sommer- und Winterhandschuhe mit sich führt.

Das liebe Vieh
Die Voralpenlandschaft des Allgäus ist nicht nur schön, sondern für Motorradfahrer zum Teil auch abenteuerlich. Die Straßenführungen sind häufig sehr eng und heruntertropfendes Wasser kann sich auf der Fahrbahn sammeln. Es gibt immer noch Tunnels, die nicht beleuchtet sind. Das ist deshalb so unangenehm, weil das Auge einige Zeit benötigt, um sich an die veränderten Lichtverhältnisse anzupassen. Am besten: Klarsichtvisiere verwenden und die Sonnenbrille vor der Einfahrt abnehmen.
Mit dem lieben Vieh hat man auch als MotorradfahrerIn seine Not: Die Hinterlassenschaften der Kühe machen Straßenbeläge rutschig. Damit die Tiere nicht einfach von der Weide abhauen oder sich ohne Aufsicht in der Gegend tummeln, sind mancherorts Gitterroste quer über der Straße ausgelegt. Diese Roste sind ziemlich glatt – also Vorsicht!
Der schnelle Wetterwechsel kann gerade im Schatten die Fahrbahn in eine Rutschbahn verwandeln: Schmelzwasser oder Reif usw. können relativ rasch auftauchen.

Der Weg ist das Ziel
Die spontanen Touren sind ja oft die schönsten. Bei Touren durchs Gebirge und beim Erklimmen der Passstraßen macht es aber Sinn, das Motorrad kurz zu checken.
Dazu zählen u.a. Luftdruck, Reifenprofil, Ölstand und Bremsflüssigkeit. Letzteres überzeugt sicherlich jeden, da bei Passabfahrten die Bremsen oft und anhaltend eingesetzt werden. Dabei kann es zu einer Überhitzung der Bremstrommeln oder -scheiben kommen und zum Nachlassen der Bremskraft.

NICHT VERGESSEN!

- Personalausweis oder Reisepass
- Führerschein
- Grüne Versicherungskarte
- Geld und EC- oder Kreditkarte
- Werkzeug
- Reifenflickset
- Ersatzvisier
- Erste-Hilfe-Set (Pflicht in Österreich)
- Thermounterwäsche
- Regenkombi o. Ä.
- Sommer- und Winterhandschuhe

Seite 24/25:
Blick auf Oberstdorf

Register

Auf des
»Kini«
Spuren

TOUREN-CHECK

4 Stunden 158 Kilometer

Unnötig zu erwähnen, dass die Strecke von Motorradfahrern auch gerne angefahren wird. Hervorragender Fahrbahnbelag und knackige Kurven sind hierfür Grund genug.

In sanftem Auf und Ab starten wir von Missen aus in Richtung Immenstadt. Dabei begleitet das Flüsschen Stirnerbach rechter Hand die B 32, die sich gefühlvoll zum Alpsee hin anschmiegt. Die Einheimischen nennen ihre Stadt »Die Pforte zum Paradies«, und das ist treffend beschrieben. Den Großen und Kleinen Alpsee direkt vor der Tür mit seinen unzähligen Sportmöglichkeiten liegt Immenstadt eingebettet zwischen den Voralpen, umgarnt vom satten Grün des Weidelandes. Dabei strahlt diese Kleinstadt eine stoische Gemütlichkeit aus mit ihrer idyllischen historischen Altstadt und den vielen kleinen Gassen. Der Große Alpsee ist drei Kilometer lang und bildet mit dem Kleinen Alpsee ein bekanntes Wassersportgebiet mit Strandbädern und Bootsverleih. Sanfte Kurven füh-

Neuschwanstein: Anziehungspunkt für Touristen aus aller Welt

ren uns weiter nach Sonthofen, der Oberjoch-Passstraße entgegen. Nicht weit entfernt befindet sich **Oberstdorf**, ein schmucker Ferienort, der inmitten der Allgäuer Alpen auf 843 m Seehöhe liegt und einen Abstecher lohnt. Ein Dorf ist Oberstdorf schon seit 1495 nicht mehr, als es die Marktrechte erhielt.

Linderhof: der maurische Pavillon

Kurvenrausch und Farbenpracht

Wassermühlen und -fälle sind die markanten Tupfer der **Starzlachklamm**, die zwischen dem Sonthofener Ortsteil Winkel und Burgberg liegt. **Sonthofen** ist die südlichste Stadt Deutschlands und zieht sommers wie winters die Touristen in ihren Bann, ebenso wie **Hindelang**, der Kneippkurort, der mitten in einem Naturschutzgebiet der Allgäuer Hochalpen liegt. Hier ist es mit der Beschaulichkeit vorbei, denn der Ort zählt zu den größten touristischen Zentren des Allgäus. Zudem suchen viele andere Motorradfahrer das Erlebnis der **Oberjoch-Passstraße**, die hinter **Hindelang** beginnt. Früher war sie mit ihren 106 Kurven Austragungsort für Rennen, heute herrscht auf der gesamten Strecke von Hindelang bis **Oberjoch** Überholverbot. Deshalb schraubt sich besonders an Sonn- und Feiertagen eine unendliche Blechlawine bis zum 1130 m hoch gelegenen Oberjoch hinauf. Kurvenreich geht es weiter in Richtung **Reutte in Tirol** und von dort am pittoresken **Plansee** vorbei, einem fjordartigen Stausee, der Biker, Wanderer und Mountainbiker in Scharen anzieht.

Seite 29: Blick auf den Plansee

Tipp
Bad Kohlgrub ist das höchstgelegene Moorheilbad Deutschlands mit einem über 8000 Jahre alten Hochmoor. Von hier aus führt die Hörnle-Schwebebahn auf das gleichnamige Plateau in 1400 m Höhe, das einen faszinierenden Panoramablick bietet.

Ständiger Wegbegleiter ist das Hinweisschild für Motorradfahrer, dass man seinen Schutzengel nicht überstrapazieren soll. Vorbei am Ammersattel kommen wir nach **Linderhof**, dem einzigen in Oberbayern gelegenen und dem einzigen fertig gestellten Schloss, in dem der »Märchenkönig« längere Zeit wohnte. Inspiriert von einem Besuch Versailles' ließ es sich Ludwig II. nach den französischen Rokokovorbildern erbauen. Sicherlich ist dieser Prachtbau mit seinen Parkanlagen und der 32 Meter hohen Fontäne, der Venusgrotte und der Hundinghütte eine Besichtigung wert. Frühaufsteher sind dabei im Vorteil; frühmorgens sind fast keine Autobusse da. Sanft führt uns die Straße durchs hügelige Alpenvorland nach **Ettal** mit seiner 1330 gegründeten Benediktinerabtei. Hier bestimmen grüne Hügel und die schneebedeckten Kuppen der Alpen die Szenerie um **Oberammergau**, dem weltweit bekannten Passionsspielort. Zum Dank für die Errettung aus der Pestnot um 1643 wird die Leidensgeschichte Christi alle zehn Jahre aufgeführt. Das letzte Mal war es im Jahr 2000, als die Welt Anteil nahm an den Aufführungen und den Geschichten dahinter. Sogar als nach der letzten Vorstellung nachts die langen Bärte der einheimischen Laiendarsteller fielen, waren Fernsehkameras dabei.

Im Land des Königs

Ein weiteres Juwel wartet ganz in der Nähe: **»die Wies«**, eigentlich die Wallfahrtskirche »Zum gegeißelten Heiland auf der Wies«, ein sakrales Bauwerk des Rokoko, das von 1746 bis 1754 erbaut wurde. Die Liebe des Architekten Dominikus Zimmermann zu seiner Wieskirche war so groß,

Mediterranes Ambiente am Plansee

dass er sich neben ihr beerdigen ließ. Wegen ihrer Fülle an Formen und Farben gilt sie europaweit als die schönste Kirche des Rokoko.

Fährt man auf der B 17 in Richtung **Füssen**, erreicht man einen kleinen Ort, der auch in Japan bekannt ist: **Schwangau** – Dorf der Königsschlösser. Hier lebt Geschichte, am Fuß eines steil aufragenden Gebirges. Hier erheben sich die beiden Königsschlösser **Neuschwanstein** und **Hohenschwangau**. Ersteres ließ Ludwig II. nach dem historischen Vorbild der Wartburg im neuromanischen Stil mit Zinnen und Türmen auf einem Felsen erbauen. Es ist wohl der größte Kassenmagnet Bayerns und versorgt heute den Freistaat mit Devisen von Millionen Besuchern jährlich,

Erhaben und stolz grüßt Schloss Hohenschwangau.

nachdem die Kosten für Prunk und Pomp zur Bauzeit das Land beutelten. Das benachbarte Hohenschwangau im Tudorstil ließ Maximilian II. Joseph erbauen, der Vater Ludwigs II. Nicht weit entfernt ist die ehemals römische Wegstation, das heutige Füssen, das mit seiner lebhaften Altstadt die Besucher anlockt. Das Füssener Umland bietet eine Vielfalt an Erlebnissen, die von dem wildromantischen Hopfensee und dem Forggensee bis zur ursprünglichen Alpenlandschaft reichen. Das Geheimnis dieses faszinierenden Landstrichs kann nur enträtseln, wer ihn selbst erkundet.

Tipp

Die Breitach hat in Tausenden von Jahren eine wahrhaft schöne Klamm in den Nordalpen geschaffen: die Breitachklamm. Die wildromantische Schlucht bietet ein unvergessliches Naturschauspiel, wenn sich die Breitach tosend und zügellos durch die Felsen ihren Weg bahnt. Folgen Sie ab Tiefenbach der Beschilderung.

INFORMATION

Gästeamt Immenstadt
Marienplatz 3
87509 Immenstadt
Tel. 08323/91 41 76
Fax 08323/91 41 95
info@immenstadt.de
www.immenstadt.de

Verkehrsamt Hindelang
Postfach 1152
87541 Hindelang
Tel. 08324/89 20
Fax 08324/80 55
info@hindelang.net
www.hindelang.net

Tourismusbüro Missen-Wilhams
Hauptstr. 45
87547 Missen im Allgäu
Tel. 08320/4 56
Fax 08320/2 68
tourismus@missen-wilhams.de
www.missen-wilhams.de

Verkehrsamt Oberstdorf
Marktplatz 7
87561 Oberstdorf
Tel. 08322/70 00
Fax 08322/70 02 36
info@oberstdorf.de
www.oberstdorf.de

Verkehrsamt Schwangau
Münchener Str. 2
87645 Schwangau
Tel. 08362/8 19 80
Fax 08362/81 98 25,
info@schwangau.de,
www.schwangau.de

UNTERKUNFT

Agathazell

Pension Grüntenblick
87545 Agathazell/Allgäu
Tel. 08321/33 53 Fax
08321/2 65 72
Mobil 0171/6 86 24 21
www.gruentenblick
Mit grandiosem Panorama-Rundblick auf die nahen Alpenketten. Abschließbare Unterstellmöglichkeiten für Motorrad und Gepäck. Hochdruckreiniger, Möglichkeit zum Kleidertrocknen.
€

Immenstadt

Hotel zur Tanne
87509 Immenstadt/Thanners
Tel. 08379/72 88 90
Fax 08379/7 28 89 72
info@hotelzurtanne.de
www.hotelzurtanne.de
Wirt ist selbst Motorradfahrer und gibt gerne weitere Tourentipps
€

Oberammergau

Turmwirt Minotel
Ettaler Str. 2
82487 Oberammergau
Tel. 08822/9 26 00
Fax 08822/14 37
turmwirt@t-online.de
www.turmwirt.de
DZ ab 57 €, für Motorradfahrer: Stellplatz,Trockenraum, Tourentipps
€

Roßhaupten

Gasthaus Schwägele
Hauptstr. 15
87672 Roßhaupten
Tel. 08367/3 05
Fax 08367/91 34 27
www.landgasthof-schwaegele.de
DZ ab 20 €, Biergarten, für Motorradfahrer: Garage
€

Schwangau

Wellvital Hotel Rübenzahl
Am Ehberg 31
87645 Schwangau
Tel. 08362/88 88
Fax 08362/8 17 01
info@hotelruebenzahl.de
www.hotelruebenzahl.de
Für Motorradfahrer Unterstellplatz, Trockenraum, Reinigungsmöglichkeiten für das Motorrad, Wellnesshotel.
€€

CAMPINGPLÄTZE

Oberammergau

Campingpark Oberammergau
Ettalerstr. 56 b
82487 Oberammergau
Tel. 08822/9 41 05
Fax 08822/9 41 97
service@camping-oberammergau.de
www.camping-oberammergau.de
Ganzjährig geöffnet

Schwangau

Campingplatz Bannwaldsee
Bannwaldsee/Allgäu
Münchner Str. 151
87645 Schwangau
Tel. 08362/9 30 00
Fax 08362/93 00 20
info@camping-bannwaldsee.de
www.camping-bannwaldsee.de
Ganzjährig geöffnet

Wertach

International Grüntensee-Camping
Grüntensee/Allgäu
Grüntenseestr. 41
87497 Wertach
Tel. 08365/3 75
Fax 08365/12 21
info@camping-gruentensee.de
www.camping-gruentensee.de
Ganzjährig geöffnet

1
DEUTSCHLAND
ÖSTERREICH
Bayern
Kempten
Marktoberdorf
Waltenhofen
Immenstadt
Sonthofen
Hindelang
Oberstdorf
Fischen im Allgäu
Missen
Alpsee
Niedersonthofener See
Wertach
Grüntensee
Wald
Stötten
Seeg
Roßhaupten
Forggensee
Hopfensee
Weißensee
Füssen
Schwangau
Schloss Neuschwanstein
Schloss Hohenschwangau
Bannwaldsee
Buching
Trauchgau
Steingaden
Wies-Kirche
Wildsteig
Echelsbach
Eschelsbacher Brücke
Soier See
Staffelsee
Saulgrub
Deutsch Alpenstraße
Bad Kohlgrub
Ammer
Unterammergau
Oberammergau
Ettal
Graswang
Linderhof
Ammergebirge
Hohe Bleick 1638
Hörnle 1548
Hochplatte 2082
Notkarspitze 1889
Geierköpfe 2161
Friederspitz 2049
Garmisch Partenkirchen
Loisach
Eibsee
Kreuzeck 1652
Waxenstein 2278
Zugspitze 2962
Wettersteingebi
Hochplattig 2759
Plansee
Heiterwanger See
Blattberg 2248
Daniel 2342
Bichlbach
Grubigstein 2233
Wannig
Lorenkopf
Reutte
Höfen
Thaneller 2341
Weißenbach am Lech
Gaichtpass 1093
Hahnenkamm 1940
Tannheimer Berge
Gran
Haldensee
Vilsalpsee
Traualpsee
Leilachspitze 2276
Knittelkarspitze 2378
Elmer Kreuzspitze
Lech
Breitenberg 1838
Oberjoch Pass 1180
Grünten 1736
Werlacher Hörnle 1695
Stuiben 1749
Riedberger Horn 1787
Großer Daumen 2280
Nebelhorn 2224
Großer Wilder 2381
Hochvogel 2593
Allgäuer Alpen
Iller
A7
E532
B12
St2376
St2055
B309
St2007
B16
B17
B23
St2059
B19
B308
St2006
B310
St2008
179
199
198
187
St2060
B2
B201
Route

Roadbook 1 Alpenvorland

Nr.	km	Position	Richtung	Information	
12	158	**Steingaden**		in Richtung Füssen – sehr viel Vekehr an Sonn- und Feiertagen Königsschlösser	B 17 / 21
11	137	**Eschelsbach**		in Richtung Füssen – Eschelsbacher Brücke	B 23 / 9,5
10	127,5	**Oberammergau**		Eschelsbach, Deutsche Alpenstraße, Bad Kohlgrub, Hörnle-Schwebebahn	B 23 / 16,5
9	111	**Ettal**		in Richtung Oberammergau	B 23 / 3,5
8	107,5	**Reutte in Tirol**		Beschilderung Innsbruck, dann der Beschilderung Plansee folgen Bikerparadies, herrliche Kurven	198 / 36,5
7	71	**Gaischtpass**		Links auf die 198 in Richtung Reutte/Tirol	198 / 8,5
6	62,5	**Grän**		bis Weißenbach Gaischtpass	199 / 13

Nr.	km	Position	Richtung	Information	
5	49,5	**Oberjochpass**		rechts abbiegen in Richtung Innsbruck/Reutte weiterhin B 308 nach Österreich hinein	B 308 / 13
4	36,5	**Hindelang**		auf der B 308 bleiben Achtung: Oberjoch mit 106 Kurven Überholverbot	B 308 / 7,5
3	29	**Sonthofen**		rechts halten auf die B 308	B 308 / 14
2	15	**Sonthofen**		geradeaus durch Sonthofen, weiterhin auf der B 308 in Richtung Hindelang,Campingplatz	B 19 / 8
1	7	**Missen**		Tankstelle	St 2006 / 7,0

ESSEN & TRINKEN

Gasthaus Fichtl
Auf der Burg 12
86977 Burgen
Tel. 08860/2 83
Fax 08860/84 19
Haus-Fichtl@t-online.de
www.Gasthaus-Fichtl.de

Landhotel Bauer
Restaurant und Steakhouse,
Heartbreak-Café
Motorradtreff
Hans-Böckler-Str. 86
87525 Sonthofen
Tel. 08321/70 91
Fax 08321/8 77 27
info@el-rancho-sonthofen.de
www.landhotel-bauer.de

SEHENSWERT

Breitachklamm
Bei Tiefenbach der Beschilderung folgen, Parkplatz am unteren Eingang der Klamm.
Info bei
Verkehrsamt Oberstdorf
Marktplatz 7
87561 Oberstdorf
Tel. 08322/70 00
Fax 08322/70 02 36
info@oberstdorf.de
www.oberstdorf.de
Wettertelefon 08322/48 15

Immenstädter Stadtschloss und Alpsee-Sesselbahn
zum Berggasthof Bärenfalle, auf 1150 m Höhe

Motorradfahrer auf der B 19 vor dem Niedersonthofener See

Informationen bei:
Gästeamt Immenstadt
Marienplatz 3
87509 Immenstadt
Tel. 08323/91 41 76
Fax 08323/91 41 95
info@immenstadt.de
www.immenstadt.de

Rund um den Bodensee

TOUREN-CHECK

2 Stunden 113 Kilometer

Die traumhafte Landschaft im Alpenbogen bietet ein abwechslungsreiches und wahrhaft traumhaftes Panorama. Die Strecke kurvenreich und schwungvoll vorbei am See und ursprünglichen Ortschaften, deren Charme einzigartig ist.

Bereits in Friedrichshafen, der zweitgrößten Stadt am Bodensee, bekommt man eine Ahnung von der Leichtigkeit des Seins. Bestes Klima sorgt wie überall am Bodensee für Blütenträume, denn der Frühling hält hier schneller Einzug als anderswo. Friedrichshafen steht ganz im Zeichen des Zeppelins. Hier baute Ferdinand Graf von Zeppelin Anfang des 20. Jahrhunderts seine fliegenden Zigarren. Diese Leistung rückte die Stadt in den Fokus der Weltöffentlichkeit.

Uferidylle und Naturparadies

Die Strecke in Richtung Eriskirch führt durch das gleichnamige Ried, dessen Gebiet sich von der Rotach-

Seeblick auf die malerische Klosterkirche

Tipp
Markttag in Wangen: Seit 1330 findet der Markttag in Wangen statt. Jeden Mittwoch herrscht in den Straßen ein geschäftiges Treiben. Hier wird an bunten Ständen alles feil geboten, was das Herz begehrt.

mündung östlich von Friedrichshafen bis südlich von Eriskirch an die Mündung des Schussen ausbreitet. Im Frühling und Herbst rasten hier auf Schlammbänken Regenpfeifer, Schnepfen und Kiebitze auf dem Weg in ihre Überwinterungsgebiete. Im Mai erblühen Mehlprimeln und Schwertlilien. Am Ried entlang ist es relativ eben und nicht gerade sehr herausfordernd, was die Straße zu bieten hat. Dafür staunt man beim Anblick der Strandhäuser und Villen, ähnlich wie die Leute staunten, als 1866 auf einer Halbinsel westlich der Argenmündung eine königliche Residenz erbaut wurde. Das Schloss Monfort passte nicht wirklich in die Umgebung, darüber war sich auf alle Fälle das gemeine Volk einig. Stein des Anstoßes waren vor allem die deutlich maurischen Elemente des Gebäudes, das im Auftrag König Wilhelms I. von Württemberg errichtet wurde.

Heute dagegen ist das Schloss eine Attraktion, nicht nur seiner Architektur und Aussicht wegen, sondern auch für Liebhaber kultureller Veranstaltungen. Vor allem im Juli, wenn das Uferfest in Langenargen stattfindet, mit einem prächtigen Seefeuerwerk und dem traditionellen Fischerstechen.

Weißblauer Himmel und mittelalterliche Romantik

Wir bleiben auf der L 334 und swingen am See entlang, dessen Ufer die Form eines Horns bildet. Auf dem Weg nach Nonnenhorn rauschen wir an Obst- und Rebgärten vorüber und erfahren endlich, warum man nach zu vielem Weingenuss torkelt. Hier steht eine der letzten 15 Torkeln des

Anmutiges Wasserburg am Bodensee

Bodenseeraums – eine Weinpresse aus dem 16. Jahrhundert. Nicht torkelnd, eher beschwingt nähern wir uns Wasserburg am Bodensee. Der Ort befindet sich auf einer Halbinsel, die weit in den See hineinragt und an deren Spitze sich eine malerische Barockkirche vom tiefen Blau des Wassers und dem weißblauen Himmel eindrucksvoll abhebt. Die Insel war seit jeher ein strategischer Platz und deshalb sowohl bei Montfort als auch bei den Fuggern beliebt. Heute haben die Urlaubsgäste die Insel erobert, die sich im Restaurant »Zum lieben Augustin« verwöhnen lassen.

Staunen ist auf dieser Tour ein ständiger Wegbegleiter ebenso wie die anmutige Landschaft, die sich romantisch in Szene setzt. Und das hört auch nicht auf: In Eglofs findet man wohl einen der schönsten Dorfplätze, dessen barocke Pfarrkirche aus dem Baujahr 1765 sich erhaben und romantisch zugleich präsentiert. Für die Kunst-

»Seegfrörne« in der St. Georg Kirche in Wasserburg

Tipp
Erleben Sie das Reisefeeling aus der Zeit der »silbernen Riesen«. Im Zeppelinmuseum in Friedrichshafen gibt es die weltgrößte Ausstellung zur Geschichte der Luftfahrt und einen originalgetreuen Teilnachbau der »LZ 129 Hindenburg«, den Sie betreten können.

historiker und Kunstinteressierten unter den Bikern sind der Hochaltar und der frühklassizistische Taufstein sowie die beeindruckenden Fresken und Ölgemälde erwähnenswert. Uns zieht es über geschmeidige Straßen weiter nach **Wangen**, von dem ein geflügeltes Wort sagt: »In Wangen bleibt man hangen«. Wen wundert's – ein lieblicher Stadtkern, malerische Türme und Tore und schmucke mittelalterliche Häuser machen das Zentrum der ehemals Freien Reichsstadt zu einem hervorstechenden Kleinod. Bisher waren die Strecken landschaftlich besonders reizvoll, mit lieblichen Städten, die nur eines vermissen lassen: Aufregung. Die holen wir uns, bevor wir in **Lindau** einkehren, im Reptilienzoo von **Scheidegg**. Der bietet eine staatliche Anzahl von Giftschlangen. Vorfreude vermittelt aber der schmucke Kurort, da hier eine der schönsten und reizvollsten Panoramastraßen beginnt: die Deutsche Alpenstraße. Eine Unternehmung, die für sich spricht und als Tagwerk frisch begonnen werden sollte.

Mächtiges Rathaus in Lindau

DEUTSCHLAND
Markdorf
Meckenbeuren
Friedrichshafen
Eriskirch
Wallfahrtskirche
U. L. Frau
Langenargen
Schloss
Monfort
Kressbronn
Gießenbrücke
Tettnang
Tannau
Neukirch
Ober-
langenau
Argen
Nonnenhorn
Wasserburg
Lindau
Bodensee
Baden-
Württemberg
Grünkraut
Waldburg
Amtzell
Schussen
Wangen
Mitten-
weiler
Nieder-
wangen
Hergatz
Obere Argen
Mellatz
Kinbach
Sigmarszell
Lindenberg
Scheidegg
Riedhirsch
Auers
Simmerberg
Steinegaden
Gestratz
Eglofs
Argenbühl
Neu-
weiher
Untere Argen
Badsee
Isny
Bayern
Salmaser Höhe
1254
Oberstaufen
Weißbach
Hochgrat
1833
ÖSTERREICH
Bregenz
Bregenzerach
Pfänder
1062
Schneiderspitze
971
Arbon
Rorschach
Route
5 km
B33
B32
B30
L326
L325
B18
L318
B467
L265
L320a
St2003
B12
St2378
St1318
B18
L333
K7778
L329
K7708
K7709
L331
St2375
K7793
L334
B31
B308
St2386
St2001
St2006
St2005
St2004
B205
B190
B202
B200
B13
B7
A1
E60
E43
A96
A14

INFORMATION

Kurverwaltung Scheidegg
Rathausplatz 4
88175 Scheidegg
Tel. 08381/8 95 55
Fax 08381/8 95 50
scheidegg@allgaeu.org
www.scheidegg.de

Motorradland GmbH
Motorradland
Aistegstr. 24
88046 Friedrichshafen
Tel. 07541/3 34 48
Fax 07541/39 87 75
motorrad@motorradland.net

Tourist-Information
Marktplatz 1
88239 Wangen im Allgäu
Tel. 07522/7 42 11
Fax 07522/7 42 14
tourist@wangen.de
www.wangen.de

Verkehrsverein Lindau
Postfach 1325
88103 Lindau
Tel. 08382/26 00 30
Fax 08382/26 00 26
info@lindau-tourismus.de
www.lindau-tourismus.de

UNTERKUNFT

Friedrichshafen

Gasthof Rebstock
Werastrasse 35
88045 Friedrichshafe
Tel. 07541/9 50 16 40
Fax 07451/95 01 64 11
info@gasthof-rebstock-fn.de
www.gasthof-rebstock-fn.de
Wirtschaftsraum, Sammelgarage
€€

Langenargen-Waldeck

Haus Schwarzenbach
Fichtenweg 9
88085 Langenargen-Waldeck
Tel. 07543/39 92
Fax 07543/39 92
DZ ab 40 €, für Motorradfahrer: Parkplatz, Garage, Trockenraum
€

Lindau

Insel Hotel Garni
Maximilianstr. 42
88131 Lindau
Tel. 08382/50 17
Fax 08382/67 56
information@insel-hotel-lindau.de
www.insel-hotel-lindau.de
DZ ab ca. 90 €, für Motorradfahrer: Parkplatz, Garage, Trockenraum, Tourentipps
€€

Waldburg

Hotel Krone
Haupstr. 21
88289 Waldburg
Tel: 07529/99 80
Fax: 07529/99 83 00
info@kronewaldburg.de
www.kronewaldburg.de
Straßenkarten, Tourenvorschläge, Trockenraum, Reinigungsmöglichkeiten für das Motorrad
€€

ESSEN & TRINKEN

Gasthof Rebstock mit Biergarten
Werastr. 35
88045 Friedrichshafen
Tel. 07541/9 50 16 40
Fax 07541/95 01 64 11
info@gasthof-rebstock-fn.de
www.gasthof-rebstock-fn.de

Gasthof zum Adler
Leitishofen 35
88605 Meßkirch-Menningen
Tel. 07575/92 50 80
Fax 07575/47 56
info@adler-leitishofen.de
www.adler-leitishofen.de

Restaurant Rohrachblick
Gretenmühle 14
88175 Scheidegg
Tel. 08381/66 02
Fax 08381/8 36 36
www.restaurant/rohrachblick.com

SEHENSWERT

Bodenseeerlebniskarte
Über 180 Erlebnisziele am Bodensee, ab 39€ für 3 Tage
www.bodensee.de

Käserei Zurwies
Zurwies 11
88239 Wangen im Allgäu
Tel. 07522/5581
Fax 07522/80939
mail@zurwies.com
www.zurwies.com

Mainau im Bodensee
Mainau GmbH
78465 Mainau
Tel. 07531/30 30
Fax 07531/30 32 48
www.mainau.de

Schloss Salem
1134 als Zisterzienserkloster gegründet. Die Schaffenskraft der Mönche prägte den Ort Salmansweiler, dem man den »heiligen« Namen Salem - Stätte des Friedens – gab. Die Zisterzienser hinterließen hier eine einzigartige Kulturlandschaft.
Freier Eintritt mit der Bodenseeerlebniskarte für Landratten und Seebären. Ermäßigung für Sparfüchse

Roadbook 2 Obersee und Linzgau

Nr.	km	Position	Richtung	Information	Straße
21	112,5	**Oberlangenau**		Nebenstrecke nach Lindau	St2375 / 10
20	102,5	**Gießenbrücke**		geradeaus auf die K7709	L 333 / 6
19	96,5	**Tettnang**		Richtung Lindau	L 329 / 5
18	91,5	**Niederwangen**		rechts auf der L 333 bleiben bis Tettnang	L 333 / 18
17	73,5	**Wangen**		in Richtung Niederwangen Mittwochs: Markttag	B 18 / 3,5
16	70	**Hergatz**		in Richtung Wangen	B 32 / 4,5
15	65,5	**bei Eglofs**		Links halten auf die B 12	B 12 / 7

Tour 2

Nr.	km	Position	Richtung	Information	
14	58,5	**Riedhirsch**		rechts in Richtung Eglofs Oberschwäbische Barockstraße	6
13	52,5	**Auers**		links auf die B 32 bis Riedhirsch	**B 32** 2
12	50,5	**Lindenberg**		Deutsche Alpenstraße bis Weiler-Simmerberg	**B 308** 3
11	47,5	**Scheidegg**		Rickenbacher Wasserfälle, Reptilienzoo weiterhin auf der B 308 bis Lindenberg	**B 308** 3,5
10	44	**Kinbach**		auf der B 308 bleiben, kurvenreiche Passage	**B 308** 7,5
9	36,5	**B 12/B 31**		rechts auf die B 31 (B 308) bis Kinbach	**B 31** 7
8	29,5	**Lindau**		links in Richtung Wangen bis zur B 31	**B 12** 3
7	26,5	**Wasserburg**		in Richtung Lindau fahren	**K 7793** 6

6	20,5	**Nonnenhon**	→	auf der K 7793 bleiben in Richtung Wasserburg	**K 7793** 2,5
5	18	**Kressbronn**	↑	geradeaus durch Kressbronn bis Nonnenhorn	**K 7793** 3
4	15	**bei Gohren**	←	am Kreisel rechts in Richtung Kressbronn weiterfahren	**K 7793** 1
3	14	**Langenargen**	↑	Schloss Montfort geradeaus Richtung Kressbron	**L 334** 4
2	10	**Eriskirch**	→	Rechts abbiegen Eriskircher Ried	**L 334** 4
1	6	**Friedrichshafen**	↑	Zeppelinmuseum, auf der B 31 in Richtung Eriskirch	**B 31** 6

Perlen am Lechufer

TOUREN-CHECK

2,4 Stunden — 126 Kilometer

Schelle Straßenführung und gute Kurvenstrecken wechseln sich ab. Das kurvige Auf und Ab, geschichtsträchtige und interessante Orte – Bikerherz, was willst du mehr.

Die Romantische Straße ist das Machwerk ausgebuffter Fremdenverkehrsmanager, denn ob die Kaufleute und Fuhrmänner, die das kostbare Salz von Würzburg nach Füssen transportierten, diese alte Handelsstraße als romantisch empfanden, bleibt dahingestellt. Die Romantische Straße bietet einige Highlights: Kulturell sind die Wieskirche und die Märchenschlösser Neuschwanstein und Hohenschwangau vertreten, landschaftlich führt sie von den Weinbergen des Mains durch das Ries bis zu den Allgäuer Alpen. Würzburg, Rothenburg ob der Tauber, Augsburg, Schongau und Füssen reihen sich wie Perlen an der Romantischen Straße auf.

Einträchtiges Nebeneinander im historischen Augsburg

Die alte Reichsstraße führt, begleitet von Giebelhäusern, die im Stil schwäbischer Donaustädte erbaut wurden, geradlinig und gut ausgeschildert zum Ziel. Startpunkt der Route ist **Augsburg**, die drittgrößte Stadt Bayerns und Hauptstadt des Regierungsbezirks Schwaben. Seit jeher pflegte man in Ausgburg internationale Beziehungen, zu Zeiten der Welser und Fugger waren Florenz und Venedig Außenposten der Handelsmetropole. Untrennbar verbunden mit Augsburg sind vor allem die Fugger, die ihren Reichtum mit erfolgreicher Handelstätigkeit und mit dem Besitz von Silberminen mehrten. Ein Denkmal setzten sich die Fugger mit der Fuggerei, einer Wohnsiedlung in der

Die herrschaftliche Maximilianstraße in Augsburg

Tipp

Die Augsburger haben dank des »Augsburger Religionsfriedens« vom 8. August 1555 einen Feiertag mehr. Mit Konzerten, dem Turmblasen vom Perlachturm und einem historischen Umzug wird das Friedensfest zelebriert. Das jährlich stattfindende Theaterfestival »La Piazza«, das auf verschiedenen Plätzen in der heimeligen Innenstadt gefeiert wird, ist ein kulturelles, aber auch ein kulinarisches Highlight. Informationen erhalten Sie beim Verkehrsverein Augsburg, Tel. 0821/50 20 70.

Jakobervorstadt, deren Wohnungen gegen eine Jahresmiete von nur einem Gulden (entspricht heute ca. 1 €) vergeben wurden. Im Sommer strahlt die Innenstadt mit ihren verwinkelten Gässchen und hochgiebeligen Zunft- und Patrizierhäusern italienisches Flair aus. Für die zahlreichen engen Straßen mit Kopfsteinpflaster sollte man jedoch gewappnet sein. Restauriert wurde auch das Gögginger Kurhaus, das mit seinem Café zu einer Pause inmitten majestätischer Gelassenheit einlädt.

Perlen am Lechufer

Parallel zur B 17 geht es über Kissing weiter nach **Klosterlechfeld**. Die B 17 ist bereits zu einem großen Teil ausgebaut und dient als Zubringer zur A 96 München–Lindau.

Wesentlich schöner ist es, durch die kleinen idyllischen Ortschaften zu tanzen. Klosterlechfeld ist durch den Ausbau der B 17 kein wirklich attraktiver Ort, trotz der sehenswerten Wallfahrtskirche Maria Hilf mit ihren Fresken des Augsburgers J.G. Lederer. Lieblicher ist dagegen **Schwabmünchen**, eine einstige alemannische Siedlung, die in der Lech-Wertach-Ebene liegt.

Mittelalterliches Ambiente in Landsberg

Vor **Landsberg** heben sich die ersten Baumkronen über das Flachland und ein Turmpaar, das über den Ufern des Lechs thront, kündigt die Stadt **Landsberg** an. Die Zufahrt über die kleinen Nebenstraßen der B 17 zeigt, dass Landsberg mit seinen Auf- und Abfahrten von der A 96 nicht nur Verkehrsknotenpunkt ist, sondern auch mit seinem mittelalterlichen Ambiente zu einem reizvollen Aufenthalt einlädt. Der frühgotische Schmalzturm, dessen Name daher rührt, dass in früheren Zeiten die Bauern mit ihren Schweinen hier durchzogen, oder das Rathaus und der Brunnen mit seiner Marienstatue aus dem 18. Jahrhundert sind sehr sehenswert.

Wellenreiten zu den Schlössern

Von hier folgt man dem Lech auf Straßen, die manchmal dramatisch zum Lechufer hin abfallen und rasant wieder ansteigen. Wellenreitern gleich geht es bis **Altenstadt**, wo die älteste romanische Gewölbebasilika steht. Während die Ausflügler auf der B 17 von und nach Füssen kriechen, fahren wir auf einer der schönsten Strecken einsam von Altenstadt nach Schon-

Zauberhafte Lechlandschaft bei Epfach im Allgäu

Beliebtes Ausflugsziel bei Füssen: Hohenschwangau

gau. Kurvenreich zieht man entlang eines Flüsschens durch das satte Grün der Wälder nach Schongau und weiter nach Steingaden, das in attraktiver Lage, umgarnt von hügeligen Wäldern, an Wochenenden den permanenten Ansturm der Blechlawinen ertragen muss.

Stolz und erhaben zeigen sich die Königsschlösser Neuschwanstein und Hohenschwangau, zu deren Füßen sich eine harmonisch geformte Landschaft ausbreitet, in der sich die blauen Male des Forggensees entfalten. Im Sommer bietet der Forggensee allerhand Möglichkeiten, um sich sportlich zu betätigen oder ganz einfach die Seele baumeln zu lassen. Im Winter allerdings füllt der wasserarme Gebirgsfluss Lech nur eine kleine Schlucht und Kieselsteine dominieren den Blick. Erst wenn der Schnee schmilzt, füllt sich langsam wieder das Becken des 1954 angelegten Lech-Stausees.

König Ludwigs Landschaftsidyll

Die anderen Seen, die rund um Füssen liegen, sind dagegen ganzjährig ein nettes Ausflugsziel, wie auch die Stadt und der Königswinkel. Abhängig von der Jahreszeit schieben sich Tausende von Touristen im Stundentakt durch die Altstadt, auf der Suche nach den Schätzen aus vergangenen Zeiten, als sich reiche Handelszüge durch die engen Gassen drängten. Füssen war ein bedeutender Handelsplatz auf der merkantilen Schneise von Augsburg nach Oberitalien. Mit Grandezza zeugt die Altstadt Füssens von den hohen Zeiten des Handels an der Via Claudia Augusta. Heute lebt Füssen gut und recht von den Touristenströmen.

Tipp

Eine Bootsfahrt auf dem Forggensee kann man von Mitte Juni bis Mitte Oktober buchen. Entspannung pur erlebt man beim Gleiten über das gekräuselte Blau des Sees. Information unter Tel. 08362/903131.

INFORMATION

Fremdenverkehrsamt Naturpark Westliche Wälder
Fuggerstraße 10
86830 Schwabmünchen
Tel. 0821/31 02 22 78
Fax 0821/31 02 28 56
info@naturpark-augsburg.de
www.naturpark-augsburg.de

Kurverwaltung Schwangau
Münchener Str. 2
87645 Schwangau
Tel. 08362/8 19 80,
Fax 08362/81 98 25
info@schwangau.de
www.schwangau.de

Regio Augsburg Tourismus GmbH
Schießgrabenstrasse 14
86150 Augsburg
Tel. 0821/50 20 70
Fax 0821/5 02 07 45
tourismus@regio-augsburg.de
www.regio-augsburg.de

UNTERKUNFT

Augsburg

Hotel Fischertor
Im Pfärrle 16
86152 Augsburg
Tel. 0821/34 58 30,
Fax 0821/3 45 83 95
DZ ab 65 €
info@hotel-fischertor.de
www.hotel-fischertor.de
€€

Füssen

Hotel Sonne
Prinzregentenplatz 1
87629 Füssen
Tel. 08362/90 80,
Fax 08362/90 81 00
info@hotel-sonne.de
www.hotel-sonne.de
DZ ab 75 €
€€

Landsberg

Campingpark Romantik am Lech
Pössinger Au 1
86899 Landsberg
Tel. 08191/4 75 05,
Fax 08191/2 14 06,
campingparkgmbh@aol.com
www.campingplatz-landsberg.de

Roßhaupten

Gasthaus Schwägele
Hauptstr. 15
87672 Roßhaupten
Tel 08367/3 05
Fax. 08367/91 34 27
www.landgasthof-schwaegele.de
DZ ab 20 €, Biergarten, für Motorradfahrer: Garage
€

Rottenbuch

Terrassencamping am Richterbihl
An der B 23 Schongau–Garmisch-Partenkirchen,
82401 Rottenbuch
Tel. 08867/15 00,
Fax 08867/83 00
www.camping-rottenbuch.de
Ganzjährig geöffnet

Schongau

Hotel Holl
Altenstädterstr. 39
86956 Schongau
Tel. 08861/2 33 10
Fax 08861/23 31 12
info@hotel-holl-schongau.de
www.hotel-holl-schongau.de
Unterstellplätze, Garage, Waschplatz, Leihwerkzeug
€

ESSEN & TRINKEN

Welser-Kuche
Maximilianstr. 83
86150 Augsburg
Mittelalterliche Tafel
Tel. 08231/9 61 10
Fax 08231/ 96 11 28
info@stransky-treutler.de
www.welser-kuche.de

SEHENSWERT

Aktiv Sport Drachenfliegen
Am Tegelberg in Schwangau
Tegelbergstr. 33
87645 Schwangau
Tel 08362/92 14 57
Fax 08362/92 13 98
info@flugschule-aktiv.de
www.flugschule-aktiv.de

Ludwig Musical
Im See 1
87629 Füssen
Tel. 08362/50 77/0
Fax 08362/50 77/298
infomusiktheater-fuessen.de
www.das-festspielhaus.de

Naturpark Westliche Wälder Augsburg
Kutschfahrten und Besuch der Zisterzienserabtei Oberschönenfeld.
Information bei Fremdenverkehrsamt Naturpark Westliche Wälder
Fuggerstraße 10
86830 Schwabmünchen
Tel. 0821/31 02 22 78
Fax 0821/31 02 28 56
info@naturpark-augsburg.de
www.naturpark-augsburg.de
Im Naturpark Augsburg Westliche Wälder befindet sich die legendäre Mickhauser Bergrennstrecke. In den Jahren von 1964 bis 1985 zeigten bei diesem ADAC-Bergrennen u. a. Johann Abt und Sepp Greger ihr Können.

Schloss Hohenschwangau in Schwangau
Besichtigung im Rahmen einer

AUGSBURG
Friedberg
Dinkelscherben
Neukissing
Königs-
brunn
Mering
Balzhausen
Prittriching
Mammen-
dorf
Schwab-
münchen
Scheuring
Kirchheim
Breiten-
brunn
Langerringen
Klosterlechfeld
Grafrath
Pfaffenhausen
Kaufering
Ober-
rieden
Mindelheim
Buchloe
Landsberg
a. Lech
Utting
a. Ammersee
Herrsching
a. Ammersee
Bad
Wörishofen
Jengen
Ammer-
see
Seestall
Mun-
draching
Issing
Markt Rettenbach
Ober-
ostendorf
Lechblick
Dießen
a. Ammersee
Kaufbeuren
Osterzell
Wessobrunn
Zellsee
Obergünzburg
Schwabsoien
Altenstadt
Weilheim
Bidingen
Schongau
Peißen-
berg
Elbsee
Ob
Peiting
Marktoberdorf
Unter-
thingau
Auerberg
1055
Rottenbuch
Wald
Lettigenbichl
Staffelsee
Stein-
gaden
Wies-
Kirche
Murnau
Roßhaupten
Seeg
Forggen-
see
Hörnle
1548
Trauchgau
Hohe Bleick
1638
Buching
Ober-
ammergau
Füssen
Bannwaldsee
Schwangau
Neuschwanstein
Hohen-
schwangau
Hochplatte
2082
Notkarspitze
1889
Paar
Glonn
Wertach
Singold
Schmutter
Schwarzach
Zusamm
Mindel
Lech
Maisach
Amper
Ammer
Loisach
B10
St2027
B300
B17
B2
A30
St2035
A8
E52
St2027
A19
B471
St2015
St2052
St2037
B16
E54
A96
St2067
St2068
St2013
St2015
St2035
St2057
St2056
St2055
B16
St2068
St2055
B12
St2035
B17
St2057
B2
St2014
B16
St2014
St2058
St2064
B472
B472
B472
B12
B17
B23
St2007
B16
St2058
B2
B23
B309
A7
A95
B310
B309
St2008
B16
E533
B17
B310
St2060
B2
B23
Route
10 km

Roadbook 3 Romantische Straße

Nr.	km	Position	Richtung	Information	
12	125,5	**Schwangau**	geradeaus	in Richtung Füssen Königsschlösser	B 16 / 3
11	122,5	**Steingaden**	geradeaus	auf der B 17 bleben in Richtung Schwangau – gut ausgebaute Straße, allerdings starker Verkehr an Sonn- und Feiertagen	B 17 / 19,5
10	103	**Einmündung B 17**	links	Wahlfahrtskirche Wies	B 17 / 2
9	101	**Rottenbuch**	rechts	in Richtung Steingaden	St2058 / 7
8	94	**Peiting**	rechts	in Richtung Rottenbuch	B 17 / 9
7	85	**Schongau**	links	in Richtung Peiting T P	St2014 / 4
6	81	**Schwabsoien**	links	in Richtung Schongau	St 2014 / 6

5	75	**Lechblick**		rechts nach Schwabsoien		18
4	57	**Landsberg**		Schmalztumm, weiterhin auf B 17 Richtung Schongau		B 17 / 15
3	42	**Klosterlechfeld**		in Richtung Landsberg Kloster Maria Hilf		B 17 / 15
2	27	**Königsbrunn**		in Richtung Klosterlechfeld/Landsberg		A 30 / 15
1	12	**Augsburg**		in Richtung Königsbrunn Fuggerei		12

Führung. **Information** bei Schlossverwaltung Hohenschwangau
Wittelsbacherausgleichsfond
Alpseestr. 12
87645 Hohenschwangau
Tel: 08362/9 30 40
Fax: 08362/93 04 20
info@neuschwanstein-hotels.de
www.hohenschwangau.de

Schloss Neuschwanstein in Schwangau
Besichtigung im Rahmen einer Führung. **Information** bei Schlossverwaltung Neuschwanstein
Neuschwansteinstr. 20
87645 Hohenschwangau
Tel. 08362/93 98 80
Fax 08362/9 39 88 19
svneuschwanstein@bsv.bayern.de
www.neuschwanstein.de

VERANSTALTUNGEN

Augsburg
Juli: La Piazza, Theaterfestival
8. August: Friedensfest
Zweimal jährlich: Volksfest Plärrer

Tipp

Eine Bootsfahrt auf dem Forggensee kann man von Mitte Juni bis Mitte Oktober buchen. Entspannung pur erlebt man beim Gleiten über das gekräuselte Blau des Sees. Information unter Tel. 08362/903131.

See- und Bergblicke

TOUREN-CHECK

3,3 Stunden 117 Kilometer

Eine Tour mit Variationsmöglichkeiten. Das Vorarlberg aber auch der Bodensee liefern herrlich schwingende Kurven, Passstrassen und gute Einkehrmöglichkeiten.

Wie soll man Lindau beschreiben, ohne dabei in Klischees zu verfallen? Schwierig, denn beim Anblick dieser Stadt fallen einem Attribute ein, die in ihrer Gesamtheit nur kitschig wirken. Das beliebteste Motiv dieser Stadt, die im und am Bodensee liegt, ist wohl die Hafeneinfahrt mit Leuchtturm, die vom bayerischen Löwen bewacht wird. Die denkmalgeschützte Altstadt mit dem reich bemalten Rathaus ist der Stolz aller Einheimischen. Wer aber das Wasser liebt, sollte den Hafen und seine Umgebung erkunden und den Blick aufs Schwäbische Meer genießen. Fast sanft in zartem Blau plätschert der See an die Hafenmole und manchmal wechselt er ganz vom tiefen Blau über Smaragdgrün zu Tiefgrün, ein anderes Mal wirkt er bedrohlich grau. Für Wasserratten ist der

Meersburg im romantischen Abendlicht

Bodensee sehr nah, wenn man ihm von seiner südlichen Seite begegnet, denn auf der österreichischen Seite ist er frei zugänglich.

Eine österreichische Freizeitbeschäftigung: Schachspielen in der Fußgängerzone von Bregenz

Tanzender See und schimmernde Berge

Da der Pfändertunnel wieder vignettenpflichtig ist, fahren wir von Lindau aus über Lochau in Richtung Bregenz. In

Lochau kann man einen herrlichen Blick auf den tanzenden See ergattern, im Hintergrund winken die Bregenzer Bucht und die Berge. Welch ein Auftakt!

Ein Tor, der nicht die Gelegenheit nutzt, den Pfänder einmal von seiner großzügigen Seite zu betrachten. Schwebt man mit der Pfänderbahn auf den 1064 m hohen

Tipp

Ein unvergessliches Erlebnis bietet die weiße Bodenseeflotte im Sommer mit ihren Sommernachts- und Dämmerungsfahrten an. Oder besuchen Sie die Bregenzer Festspiele und buchen Sie dafür eine Festspielfahrt.

Tipp
Dem Alltag entschweben? Genießen Sie selbst gebraute Biere bei verlangsamter Bergfahrt mit der »Pfänder-Panoramabahn«. Diese besondere Art der Bierdegustation können Sie buchen, Tel. 0043/05574/42 16 04.

Aussichtsberg, genießt man einen atemberaubenden Panoramablick auf dreier Länder Natur. Neben dem **Pfänder** bieten sich noch andere Erhebungen an, die je nach Lage eher das deutsche Hügelland, das Vorarlberger Rheintal oder die Schweizer Berge ins Visier nehmen – der See aber ist immer dabei. Der Pfänder wartet noch mit mehr auf:
Die Adlerwarte und der Alpenwildpark sind weitere Attraktionen. Die Adlerwarte hat sich zum Ziel gesetzt, den Menschen die Greifvögel näher zu bringen. Nicht weit von der Pfänderbahn-Bergstation kann man sich auf einen 40-minütigen Rundgang begeben und eine Flugschau erleben, bei der man fliegende Greifvögel im Aufwind des Pfänderhanges verfolgen kann, bis sie zum Falkner zurückkehren.

Konstanz und sein freskengeschmücktes Rathaus

Schutzkleidung empfohlen bei der Begegnung mit Steinböcken am Pfänder

Bei Familien besonders beliebt ist der Alpenwildpark, in dem man Murmeltiere, Mufflons oder Wildschweine aus der Nähe beobachtet.

In **Hohenems** erreicht man den südlichsten Punkt der Barockstraße und der Putto übernimmt für kurze Augenblicke die Regie. Der See liegt etwas abgeschlagen – doch ihm begegnen wir bald auf Schweizer Boden wieder. Beherrscht wird Hohenems von der Pfarrkirche St. Karl Borromäus mit der zwiebelturmgeschmückten Kapelle. Führungen durch den gräflichen Renaissancepalast werden vom Tourismusservice Hohenems angeboten. Um Hohenems erstreckt sich nach Süden hin eine ansprechende Riedlandschaft mit urwüchsigen Bäumen, Sträuchern und Wasserfurchen, in der gastliche Orte zum Bummeln über lebendige Märkte einladen. Uns zieht es wieder ans Ufer zurück und wir fahren – vorbei an Bauernhöfen, die sich

Engelhafte Anmut

sanft an die ansteigenden Hügel schmiegen – über Trogen und St. Gallen nach **Konstanz**, die einstige alemannische Bischofsstadt. Schräg ist in Konstanz ziemlich viel: die geneigten Häuserfronten in der Altstadt und der Universitätsbau. Andere Schräge findet man in den zahlreichen Szenelokalen, wo sich schrille Punks und Pistenprofis in

ihrer Coolness gegenseitig zu übertreffen suchen. Vom württembergischen Konstanz bietet sich die Überfahrt nach **Meersburg** an. Manche fahren dabei so lange zwischen Konstanz und Meersburg hin und her, bis der Träger Bier leer ist. In Konstanz ist eben vieles anders und auch wieder nicht. Der Blick auf Meersburg vom See her ist atemberaubend und die berühmteste Bürgerin Meersburgs, Annette von Droste-Hülshoff, raunte bereits vor 150 Jahren: »Es ist unerhört! Die Aussicht ist fast zu schön!« Das sonnenreiche Meersburg liegt inmitten von Weinbergen und vermittelt das Gefühl, sich in mediterranen Gefilden zu befinden. Die verwinkelten Gässchen und verborgenen Plätze haben eine heitere, manchmal melancholische Atmosphäre. Das Wahrzeichen der Stadt kennt wohl jeder, der früher einen 20-Mark-Schein im Portemonnaie hatte: die Meersburg.

Blick übers »Schwäbische Meer« bei Meersburg

INFORMATION

Landesverband Vorarlberg Tourismus
Postfach 302
A-6900 Bregenz
Tel. 0043/5574/42 52 50
Fax 0043/5574/42 52 55
info@vorarlberg.travel
www.vorarlberg.travel

St. Gallen – Bodensee Tourismus
Bahnhofsplatz 1 a
CH-9001 St. Gallen
Tel. 0041/71/2 27 37 37
info@stgallen-bodensee.ch
www.stgallen-bodensee.ch

Tourist-Information Konstanz
Bahnhofsplatz 13
78462 Konstanz
Tel. 07531/13 30 30,
Fax 07531/13 30 60
info@konstanz.de
www.konstanz.de

Verkehrsverein Lindau
Postfach 1325
88103 Lindau
Tel. 08382/26 00 30,
Fax 08382/26 00 26
info@lindau-tourismus.de
www.lindau-tourismus.de

UNTERKUNFT

Bregenz
Hotel Garni Helvetia
Montfortstr. 13
A- 6900 Bregenz
Tel. 00435574/4 28 60
Fax 00435574/4 28 60 42
info@hotel-helvetia-bregenz.at
www.hotel-helvetia-bregenz.at
Garage für Motorräder
€€

Eriskirch
Landgasthof Adler
Mariabrunnstr. 71
88097 Eriskirch
Tel. 07541/8 26 76
Fax 07541/8 29 79
www.adler-mariabrunn.de
landgasthof@adler-mariabrunn.de
Familiärer gemütlicher Landgasthof mit Gartenterasse, Gartengrill, Wintergarten. Trocknungsmöglichkeit für die Kombi's! Unterstellmöglichkeit (Carport)
€

Konstanz
Waldhaus Jakob
Eichhornstr. 84
78462 Konstanz
Tel. 07531/8 10 00,
Fax 07531/81 00 67,
info@waldhaus-jakob.de
www.waldhaus-jakob.de
DZ ab 100 €, Biergarten, Minigolfanlage und Tennisplätze in der Nähe.

Lech
Berghof Lech
A-6764 Lech
Tel. 00435583/22 56
Fax 00435583/33 83
bergheim@bucher.lech.at
www2.vol.at/hotel
Idealer Ausgangspunkt für Motorradtouren: Bregenzerwald, Lechtal, Montafon, Großwalsertal.
Geöffnet von Juni bis September
€€

Lindau
Insel Hotel Garni
Maximilianstr. 42
88131 Lindau
Tel. 08382/50 17,
Fax 08382/67 56
information@insel-hotel-lindau.de
www.insel-hotel-lindau.de
DZ ab 105 €, für Motorradfahrer: Parkplatz, Garage, Trockenraum, Tourentipps
€€

Meersburg
Hotel zum Bären
Marktplatz 11
88709 Meersburg
Tel. 07532/4 32 20,
Fax 07532/43 22 44
post@baeren-meersburg.de
www.baeren-meersburg.de
DZ ab 76 €, für Motorradfahrer: Parkplatz, Garage
€€

ESSEN & TRINKEN

Zum Bären
Marktplatz 11
88709 Meersburg
Infos siehe Unterkunft
post@baeren-meersburg.de
www.baeren-meersburg.de

EINKAUFEN

Fabrikshopping – für Schnäppchenjäger
Living Crafts
Fabrikladen, der Unterwäsche, Oberbekleidung und Strumpfwaren anbietet. Erste Wahl 10 Prozent, zweite und dritte Wahl 25 bis 55 Prozent

DEUTSCHLAND
SCHWEIZ
ÖSTERREICH
Baden-Württemberg
Bayern
Bodensee
Konstanz
Meersburg
Steckborn
Immenstaad am Bodensee
Friedrichshafen
Tettnang
Wangen
Langenargen
Wasserburg
Sigmarszell
Lindenberg
Lindau
Lochau
Bregenz
Pfänder 1064
Dornbirn
Hohenems
Altach
Mäder
Altstätten
Trogen
St. Gallen
Teufen
Appenzell
Herisau
Kronbühl
Bernhardzell
Lömmenschwil
Muolen
Amriswil
Romanshorn
Arbon
Rorschach
Herrenhof
Weinfelden
Wil
Staufen 1465
Hangspitze 1746
Mörzelspitze 1830
Winterstaude 1877
Hundwiler Höhi 1306
Hochhamm 1275
Thur
Sitter
Necker
Murg
Argen
Schussen
Bregenzer Ach
Weißbach
Route
5 km

Roadbook 4 Schwäbische Barockstraße – Süd

Nr.	km	Position	Richtung	Information	
11	Fähre	**Konsanz-Meersburg**		in Richtung Meersburg	Fähre
10	116,5	**Romanshorn**		nach Konstanz	13 / 25
9	91,5	**bei Amriswil**		in Richtung Romanshorn	14 / 5,5
8	86	**St. Gallen CH**		in Richtung Romanshorn/Konstanz (D) – Wildpark Peter und Paul	19
7	67	**Altstätten A**		nach Trogen/St. Gallen (CH)	25
6	42	**Altach A**		in Richtung Altsätten/St. Gallen – der Beschilderung »Oberschwäbische Barockstraße« folgen	10
5	32	**Hohenems A**		in Richtung St. Gallen – der Beschilderung »Oberschwäbische Barockstraße« folgen	203 / 4,5

4	27,5	**Bregenz A**		links halten in Richtung Hohenems – St. Karl Barromäus	**190** 18,5
3	9	**Lochau**		rechts bleiben in Richtung Bregenz – Pfänder-Panoramabahn	**190** 4,5
2	4,5	**Lindau**		in Richtung Bregenz/Chur	**B 31** 3,5
1	1	**Lindau/Hafen**		in Richtung Bregenz – auf den Bodensee Innenstadt am Wochenende gesperrt	**St2375** 1

Schlesierstr. 11
95152 Selbitz
Tel. 09280/98 10 80
Fax 09280/9 81 08 30
info@livingcrafts.de
www.livingcratfs.de

Toussaint
Sportliche Damenbekleidung zu Schnäppchenpreisen, teilweise bis zu 50 Prozent Rabatt
Goßholzerstr. 2
88161 Lindenberg

Wolford
Ramschpreise für Ware mit kleinen Fehlern. Verkauft wird Damenwäsche und Herrenbekleidung
Rheimstr. 68
A-6901 Bregenz
Tel. 0043/5574/69 00,
Fax 0043/5574/7 95 44
www.wolford.com

VERANSTALTUNGEN

Bregenzer Festspiele
Mitte Juli bis Mitte/ Ende August
Seeaufführung und Opernworkshop mit Fest des Kindes
Kartenvorverkauf ab Oktober des Vorjahres
Information und Karten bei:
Bregenzer Festspiele
Kartenbüro
Postfach 311
A-6901 Bregenz
Tel. 0043/5574/40 76,
Fax 0043/5574/40 74 00,
www.bregenzerfestspiele.com

Den Engeln folgen

TOUREN-CHECK

5 Stunden 133 Kilometer

Barockkirchen fliegen an einem vorbei, wenn man die welligen Straßen entlangfährt. Die Tour bieten alles, was das Motorradfahrerherz begehrt. Herrliche Landschaft, wenig Verkehr, traumhafte Kurvenkombinationen.

Die Barockstraße macht ihrem Namen alle Ehre, denn sie führt direkt ins Himmelreich. Aber sie beeindruckt nicht nur mit meisterlichen Bauwerken, sondern ganz allgemein durch einen blühenden Landstrich. Die Westroute beginnt in Riedlingen an der Donau. Die Feuchtigkeit hängt am frühen Morgen noch in der Luft, doch nach wenigen Kilometern beginnt sich der Dunst aufzulösen. Jetzt ist der Blick frei für den ersten kulturellen Augenschmaus im nahen Altheim: Die 1486 erbaute Pfarrkirche St. Martin zeigt sich stolz mit ihren Fresken und Altarblättern und der besonderen Rarität eines spätgotischen Hungertuches, das im Pfarrgemeindehaus hängt. Ganz in der Nähe liegt das attraktive Pfrunger Ried, ein Hochmoor, das

Fahrspass pur bietet diese sanfte Kurvenstraße.

unter Naturschutz steht. Der Torfabbau hat für zahlreiche kleine Wasserflächen und damit für ein Refugium für seltene Wasserpflanzen gesorgt. Erholung ist in Saulgau, einem Kurort mit Thermalbad und Saunalandschaft, angesagt. Saulgau jubiliert im barocken Stil; neben zahlreichen Kapellen und Kirchen ist vor allem das Kloster Sießen mit seinem Sommerrefektorium und dem Kreuzgang mit barocken Bildwerken bekannt.

Überlingen – Stadt der Sonne

Beschwingt geht es auf der L 194 weiter nach Pfullendorf, der alten Reichsstadt, die mit einer schönen Doppeltoranlage aus dem Jahr 1505 aufwartet. Die Altstadt von Pfullendorf wurde liebevoll restauriert. Die Fachwerkhäuser, die zum Teil in die Stadtmauer eingebaut sind, fangen den Besucher mit ihrem Charme ein. Auf dem Weg von Meßkirch nach Überlingen verändert sich die Landschaft. Die Nähe des Schwäbischen Meeres und das damit verbundene Klima sind dafür verantwortlich, dass Weinberge, Felder und Streuobstwiesen die Landschaft um

Überlingen – Stadt der Sonne

Überlingen prägen. Hier zeigt sich die Natur von ihrer schönsten Seite, die gut geführte Straße macht das Glück vollkommen. Der Wetterfrosch Jörg Kachelmann bescheinigt dieser Umgebung »eines der schönsten Wetter am See« – viel Sonne und relativ wenig Regen. Und tatsächlich, herrlichster Sonnenschein lädt zu einer Musestunde ein. Die vom Seeufer bis zu den vielen Parkanlagen reichende Blütenpracht macht es einem leicht, den Gedanken freien Lauf zu lassen.

Tipp

Der altehrwürdige Stadtgarten in Überlingen mit einer der größten Freiluft-Kakteensammlungen ist Pflicht. Die Treppenwege führen zu den Aussichtspunkten hoch über dem See und bieten sogar kleine Lauben für ein Tête-à-tête.

Überlingen überzeugt nicht nur mit seiner anziehenden Atmosphäre, sondern kann auch stolz auf ein traditionelles Erbe verweisen. Die Stadt ist eine der reichsten am See. Sie wurde 770 erstmals urkundlich erwähnt und noch heute zeugen stattliche Bauwerke von ihrer reichsstädtischen

Blütenpracht am Bodensee

Tipp
Jedes Jahr im Juli findet im Kurort Saulgau das »Bächlefest« statt, ein historisches Kinder- und Heimatfest, das weit über die Stadtgrenzen von Saulgau hinaus bekannt ist.

Vergangenheit. Stolz sind die Stadtväter auf ihre Künstler, wie z.B. den Schriftsteller Martin Walser, Friedenspreisträger des Deutschen Buchhandels, der in Nußdorf bei Überlingen lebt und arbeitet.

Traditionsreiche Städte und Postkartenidylle

Was für Überlingen Martin Walser ist, ist für Meersburg Annette von Droste-Hülshoff, deren Arbeits- und Sterbezimmer sich in einer der ältesten Burganlagen Deutschlands, dem Alten Schloss aus dem 12. Jahrhundert mit Burgcafé und Burgmuseum, befindet. Die Strecke am See entlang bietet ein Highlight nach dem anderen, der Fahrspaß durch eine Bilderbuchlandschaft links mit grandiosem Blick auf den Bodensee rechts wird höchstens am Wochenende durch zu viele Weggenossen getrübt. Ein besonderer Ort ist die Stadt Friedrichshafen, als Ausgangspunkt für

Historische Gasse in Pfullendorf

weitere Touren ideal. Wenn die Sonne über den bunten Schirmen der Promenadencafés strahlt, Möwen die Schiffe der »Weißen Flotte« begleiten und schreiend umkreisen und die Segler lautlos über den tiefblauen See gleiten, dann lösen sich die Achs und Wehs des alltäglichen Lebens auf. Doch Friedrichshafen hat mehr zu bieten als eine Postkartenidylle. Die Stadt ist emsig und offeriert ein großes Veranstaltungsangebot, denn manchmal regnet es auch hier, und dann locken Museen und Feste die Besucher. Kulinarische Highlights und buntes Programm bieten u.a. das »Kulinarische Stadtfest« oder »Petit Paris« auf dem Adenauerplatz.

Anmutiger Landschaftsstrich mit saftigem Grün

INFORMATION

Kur- und Touristik Überlingen GmbH
Tourist-Information
Landungsplatz 14
88662 Überlingen
Tel. 07551/9 47 15 22
Fax 07551/9 47 15 35
touristik@ueberlingen.de
www.ueberlingen.de

Motorradland GmbH
Motorradland
Aistegstr. 24
88046 Friedrichshafen
Tel. 07541/3 34 48,
Fax 07541/39 87 75
motorrad@motorradland.net
www.motorradland.net

Tourist-Information Friedrichshafen
Bahnhofsplatz 2
88045 Friedrichshafen
Tel. 07541/3 00 10,
Fax 07541/7 25 88
tourist/info@friedrichshafen.de
www.friedrichshafen.info

Tourismus Meersburg
Kirchstr. 4
88709 Meersburg/Bodensee
Tel. 07532/44 04 00
Fax 07532/4 40 40 40
info@meersburg.de
www.meersburg.de

UNTERKUNFT

Altheim/Riedlingen

Landgasthof Donautal
Donaustr. 75
88499 Altheim/Riedlingen
Tel. 07371/93 70 20
info@landgasthof/donaustal.de
www.landgasthof/donautal.de
Garage, Trockenraum, Hochdruckreiniger, Werkzeug
€

Bad Saulgau

Hotel Garni Ochsen
Paradiesstr. 6
88348 Bad Saulgau
Tel. 07581/4 80 40
Fax 07581/48 04 66
ochsen@komforthotels.de
www.komforthotels.de/ochsen
Garage, Bikerfrühstück
€€

Hagnau

Fischerstüble Das Rote Haus an der B31
Hauptstraße 30
88709 Hagnau
Tel. 07532/73 33
Fax 07532/54 50
www.fischerstueble-bodensee.de
info@fischerstueble-bodensee.de
Unterstellmöglichkeit für Motorräder
€€

Meersburg

Hotel zum Bären
Marktplatz 11
88709 Meersburg
Tel. 07532/4 32 20
Fax 07532/43 22 44
post@baeren/meersburg.de
www.baeren/meersburg.de
DZ ab 70 €, für Motorradfahrer: Parkplatz, Garage
€€

Uhldingen-Mühlhofen

Gästehaus Schechter
Hallendorfer Str. 3c
88690 Uhldingen-Mühlhofen
Tel. 07556/54 97
Fax 07556/96 66 80
info@gaestehaus-schechter.de
www.gaestehaus-schechter.de
DZ ab 85 €, Ferienwohnungen, Liegewiese, für Motorradfahrer: Garage, Parkplatz, Trockenraum
€€

Überlingen

Wohlfühlhotel Sonnengarten
Zum Brandbühl 19
88662 Überlingen/Andelshofen
Tel. 07551/8 30 00
Fax 07551/83 00 80
info@wohlfuehlhotel-sonnengarten.de
www.hotel-lake-constance.com
€€

ESSEN & TRINKEN

Gasthof Rebstock mit Biergarten
Werastr. 35
88045 Friedrichshafen
Tel. 07541/9 50 16 40
Fax 07541/95 01 64 11
info@gasthof-rebstock-fn.de
www.gasthof-rebstock-fn.de

Gasthaus zur Krone
Münsterstr. 10
88662 Überlingen
Tel. 07551/91 99 33,
Fax 07551/91 99 44
kroneueberlinges@t-online.de
www.krone-ueberlingen.com

Landgasthof Donautal
Donaustr. 75
88499 Altheim/Riedlingen
Tel. 07371/93 70 20
info@landgasthof-donaustal.de
www.landgasthof-donautal.de

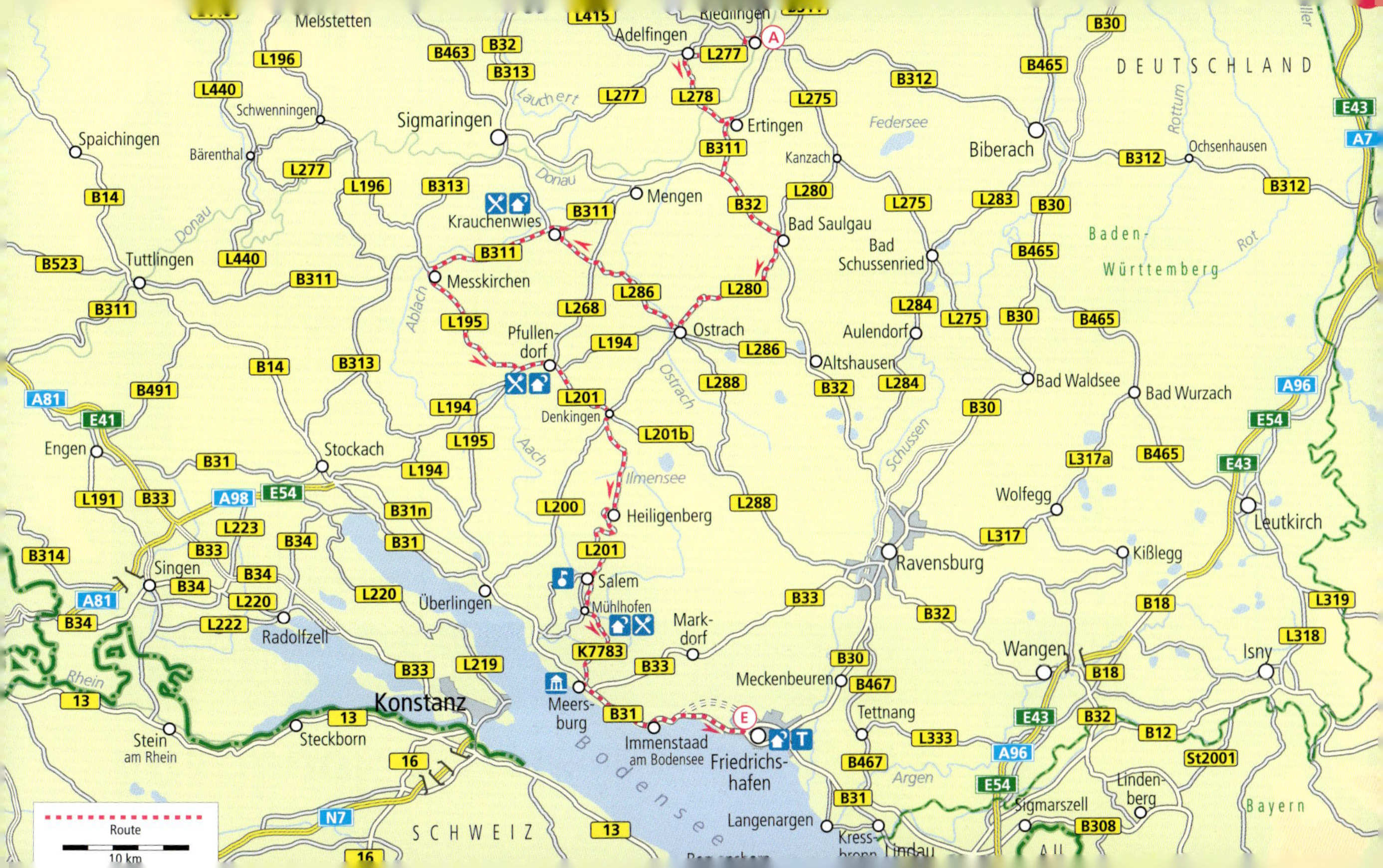

DEUTSCHLAND
Baden-Württemberg
Bayern
SCHWEIZ
Bodensee
Meßstetten
Adelfingen
Ertingen
Biberach
Ochsenhausen
Spaichingen
Schwenningen
Bärenthal
Sigmaringen
Mengen
Krauchenwies
Kanzach
Bad Saulgau
Bad Schussenried
Tuttlingen
Messkirchen
Pfullendorf
Ostrach
Aulendorf
Altshausen
Bad Waldsee
Bad Wurzach
Denkingen
Engen
Stockach
Heiligenberg
Wolfegg
Leutkirch
Ravensburg
Kißlegg
Singen
Salem
Mühlhofen
Überlingen
Radolfzell
Markdorf
Wangen
Isny
Meckenbeuren
Tettnang
Konstanz
Meersburg
Immenstaad am Bodensee
Friedrichshafen
Stein am Rhein
Steckborn
Langenargen
Kressbronn
Lindau
Lindenberg
Sigmarszell
Federsee
Ilmensee
Donau
Lauchert
Ablach
Aach
Ostrach
Schussen
Rottum
Rot
Argen
Rhein
Route
10 km

Roadbook 5 Schwäbische Barockstraße – West

Nr.	km	Position	Richtung	Information	
10	133	**Meersburg**		bis Friedrichshafen auf der B 31 bleiben Meersburg, Droste-Museum	B 31 / 19
9	114	**Mühlhofen**		in Richtung Meersburg	K7783 / 4
8	110	**Salem**		der Straße folgen	L 201 / 6
7	104	**Pfullendorf**		in Richtung Uhldingen/Salem windungsreiche Nebenstraße	L 201 / 24
6	80	**Meßkirch**		in Richtung Pfullendorf	L 195/194 / 17
5	63	**Krauchenwies**		links Richtung Meßkirch	B 311 / 12
4	51	**Ostrach**		der L 286 folgen in Richtung Meßkirch	L 286 / 14

3	37	**Saulgau**		bis Ostrach	L 280 / 13
2	24	**Altheim**		in Richtung Saulgau, dem Putto folgen – Pfarrkirche St. Martin Pfrunger Ried	L 278/B 32 / 21
1	3	**Riedlingen**		in Richtung Altheim – ansprechend geschwungene Landstraße	L 277 / 3

Staatsweingut Meersburg
Seminarstr. 6
88709 Meersburg
Tel. 07532/44 67 44
Fax 07532/44 67 47
info@staatsweingut-meersburg.de
www.staatsweingut-meersburg.de
Nov. – April
Mo – Fr 7.30–12 Uhr, 13 – 18 Uhr

SEHENSWERT

Kakteensammlung
Stadtgärtnerei
Margarethenstr. 37 / I
88045 Friedrichshafen
Tel. 07541/3 10 47
Fax 07541/95 35 20

Zeppelin Museum Friedrichshafen »Technik und Kunst« im Hafenbahnhof
Seestr. 22
Tel. 07541/38 01 33
Fax 07541/38 01 81
zeppelin@zeppelin-museum.de
www.zeppelin-museum.de

Der Affenberg – Ort lustiger Begegnungen

VERANSTALTUNGEN

Bächlefest: jedes Jahr im Juli

Bodensee-Festival, ein gemeinsames Kulturfest der Städte Friedrichshafen, Konstanz und des Südwestfunks: Mai/Juni
www.bodenseefestival.de

Jazzfestival im September
Auskunft und Vorverkauf: Kur- und Touristik Überlingen GmbH
Landungsplatz 14
Tel. 07551/99 11 23
Fax 07551/99 11 35

Petit Paris
Kulinarisches Stadtfest

Wochenmärkte
Friedrichshafen
Dienstag vormittags auf dem Vorplatz der Markthalle, Freitag vormittags auf dem Adenauerplatz und in der Fußgängerzone
Krämermärkte: Innenstadt Juni/September
Christkindlesmarkt: Ende November bis Dezember

Wochen- und Bauernmarkt, samstags auf der Hofstatt

Liebenswerte Zentren

TOUREN-CHECK

4 Stunden 166 Kilometer

Schwäbische Bäderstraße klingt beschaulich. Beim Biken muss das aber nicht sein. Der Straßenbelag ist bestens und erlaubt einen zackigen Ritt durch schwäbische Orte.

Fünf Stadttore und der Marktplatz mit Rathaus und Steuerhaus künden von den ruhmreichen Tagen der Patrizier und Handwerker in der Stadt Memmingen, die von altersher eine zentrale Lage an der Via Claudia hatte und Schnittpunkt für die mittelalterlichen Handelsstraßen war. Auch die »Oberschwäbische Barockstraße« und die »Schwäbische Bäderstraße« treffen sich hier. Letztere verbindet Kneippkurorte und Moorbäder miteinander. Besonders reizvoll ist jedoch die Ried- und Hügellandschaft Oberschwabens und des Unterallgäus, durch die diese schwungvolle Straße führt. Den Weg, der meistens über Nebenstraßen führt, weist ein Signet mit Zwiebelkirchturm und einer blauen Welle.

Schwungvolles Gleiten durch die Ried- und Hügellandschaft Oberschwabens

Zeitsprung ins Mittelalter

In Memmingen gibt es nicht nur die steinernen Zeugen der Vergangenheit, auch die heutigen Einwohner pflegen das Erbe und das Brauchtum von ehedem.

Tipp

»Schmotz, Schmotz, Dreck auf Dreck, Schellakönig, wüaschte Sau«, singen die Fischer am Fischertag in Memmingen, wenn Sie in aller Herrgottsfrühe zum Schrannenplatz ziehen. Im Juli startet dieses berühmte Stadtfest, das ursprünglich auf die Reinigung des Stadtbachs zurückgeht.
Information: Verkehrsamt Memmingen.

Die liebenswerte Stadt mit ihrem historischen Kern führt ein reges Leben und ist stolz auf ihre Tradition – nicht weiter verwunderlich, wenn man bedenkt, dass der Fuggerbau, das Stadtschloss der Fugger, Quartier für Wallenstein und König Gustav Adolf bot. Die gemütliche, enge Altstadt versetzt einen in das damalige Leben zurück. Trotz der Touristen, die Memmingen in Scharen besuchen, war das Gedränge in früherer Zeit sicherlich größer als jetzt in der Fußgängerzone. Damals bliesen die Hirten frühmorgens auf ihren Hörnern und aus den Hauseingängen kamen Schweine, Kühe und das Geflügel, um den Tag über auf den Wiesen vor der Stadt zu weiden. Heute ist es das internationale Publikum, das durch die engen Gässchen schlendert und in den Laubengängen spazieren geht. Diese erinnern an die Handelsverbindungen zu Italien; in ihrem Schutz wurden empfindliche Lebensmittel wie Brot und Süßigkeiten verkauft. Der Stadt-bach in Memmingen gehört ins Stadtbild; früher war er dafür zuständig, den

Seite 84: Der Fischertag in Memmingen

Die Fassade des Memminger Rathauses

Seite 87: Abendstimmung im Allgäu

Unrat aus der Stadt zu transportieren. Von Handwerk und Zünften berichten auch restaurierte Gebäude wie das stattliche Haus der Großzunft am Marktplatz oder das Sieben-Dächer-Haus im Gerberviertel von Memmingen, das speziell zur Trocknung der Häute gebaut worden war.

Abseits der großen Straßen geht es tänzelnd weiter nach **Isny**, einem Kurort, der sich als mittelalterliches Städtchen mit einer begehbaren Stadtmauer präsentiert. Lust auf Gebirge? Dann lohnt sich von hier der Abstecher zum sieben Kilometer entfernten »Schwarzen Grat«, um sich einer fantastischen Gebirgsaussicht hinzugeben. Einen Augenschmaus bietet aber auch das historische Zentrum der ehemaligen Freien Reichsstadt **Wangen** mit

Alles im Zeichen der Fischer: Fischerbrunnen in Memmingen

ihren gepflegten, bunten Bürgerhäusern. Die Herrenstraße mit dem bemalten Renaissanceturm aus dem 17. Jahrhundert zieht den Besucher besonders an.

Ravensburg – liebenswerte Mitte Oberschwabens

Durch die schmucke Landschaft geht es kraftvoll in lang gezogenen Kurven nach Leutkirch, das seine Existenz keiner Abtei und keinem Regenten verdankt, sondern einfach den Menschen, die sich vor über tausend Jahren hier niedergelassen haben. Das macht diese Stadt mit ihrem mittelalterlichen Kern besonders sympathisch.

Kunst in Biberachs Innenstadt

Dagegen verweist das benachbarte Landstädtchen Kißlegg wieder stolz auf seine Schlösser und eine prächtige Kirche. Auf dem Weg nach Ravensburg kann man zwischen Reben und Obstgärten tief durchatmen, Ballast abwerfen und Energie neu tanken. Die Konturen der Ravensburger Türme locken bereits von weitem im sanften, weichen Licht. Mehr als ein Dutzend dieser Türme haben Ravensburg als Stadt der Türme und Tore berühmt gemacht. Heute ist es vor allem wegen der Spiele und Bücher aus dem Hause Ravensburger bekannt. In vergangenen Zeiten spielte Ravensburg eine bedeutende Rolle als Handelsstadt im Ränkespiel um

Macht und Ansehen. Ihre Wurzeln reichen bis ins 12. Jahrhundert zurück, als eine Siedlung zu Füßen der »Ravensburg«, dem einstigen Stammsitz der Welfen, entstand und bereits 1276 zur Reichsstadt erhoben wurde.

Tipp

Im »größten Spielzimmer der Welt« in Ravensburg vergnügen sich große und kleine Kinder unter freiem Himmel mit Fix und Foxi oder beim Spritzen aus Feuerwehrautos. Geöffnet von April bis November. Eintritt für Erwachsene 17 €, für Kinder bis 14 Jahre 16 €.

Im Schatten des Esels

Von Ravensburg geht es vergnügt weiter in Richtung Bad Waldsee und Biberach. Hier befindet man sich auf historischen Spuren, denn im Mittelalter wurde dieser Streckenabschnitt von Pilgern genutzt. Es ist der Jakobsweg nach Santiago de Compostela, der durch die blaue Jakobsmuschel auf gelbem Grund gekennzeichnet wird. Historische Begebenheiten und Zeugnisse der Vergangenheit begegnen einem in dieser Region überall. Seit dem Jahr 2000 steht auf dem Biberacher Marktplatz ein Relief in Eselsform, ein Denkmal für den Esel und ein Mahnmal für das Volk. So versprach es die Stadt der Abderiten, nachdem das Volk einen Esel in Stücke gerissen hatte bei einer Verhandlung vor dem großen Rat von Abdera. Die Verhandlungssache? Ein Zahnarzt hatte sich während einer Rast zum Schutz vor der Mittagshitze in den Schatten des gemieteten Esels gesetzt. Der Treiber meinte, dass er das so nicht verhandelt habe: »Ich vermiete Euch den Esel, aber des Schattens wurde mit keinem Worte dabei gedacht.« Die Gegensätze schienen unüberwindlich, und so kam die Sache vor den großen Rat.

Der bekannte Sohn Biberachs, Christoph Martin Wieland, hat diese Geschichte der Abderiten vor mehr als 200 Jahren geschrieben. Es war der erste satirische Roman in deutscher Sprache.

INFORMATION

Gästeamt Leutkirch
Marktstraße 32
88299 Leutkirch im Allgäu
Tel. 07561/8 71 54,
Fax 07561/8 71 86
touristinfo@leutkirch.de
www.leutkirch.de

Stadtinformation Memmingen
Marktplatz 3
87700 Memmingen
Tel. 08331/850172,
Fax 08331/850178
info@memmingen.de
www.memmingen.de

Städtische Kurverwaltung
Mühltorstr. 1
88410 Bad Wurzach
Tel. 07564/302152,
Fax 07564/302154
info@bad-wurzach.de
www.bad-wurzach.de

Tourist-Information Isny
Unterer Grabenweg 18
88316 Isny
Tel. 07562/97 56 30
Fax 07562/9 75 63 14
info@isny-tourismus.de
www.isny-tourismus.de

Tourist-Information Wangen
Marktplatz 1
88239 Wangen im Allgäu
Tel. 07522/7 42 11
Fax 07522/7 42 14
inof@wangen.de
www.wangen.de

UNTERKUNFT

Bad Saulgau

Komforthotel-Garni Ochsen
Paradiesstraße 6
88348 Bad Saulgau
Tel. 07581/48 04/0
Fax 07581/48 04/66
ochsen@komforthotels.de
www.komforthotels.de/ochsen
Parkhof, Garagen, Reichhaltiges Bikerfrühstück
€

Hergatz

Harley World
Staudach 4
88145 Hergatz
Tel. 07522/9 77 70
Fax 07522/97 77 97
harley-world@t-online.de
www.k-m-harley-world.de
DZ ab 15 €, für Motorradfahrer: Garage, Tourentipps, Harley-Verkauf und -Service
€

Oberteuringen – Bitzenhofen

Hotel am Obstgarten
Gehrenbergstraße 16/1
88094 Oberteuringen – Bitzenhofen
Tel. 07546/9 22/0
Fax 07546/9 22/88
hotel@am-obstgarten.de
www. Hotel-am-obstgarten.de
Ruhige Lage
€

Wangen im Allgäu

Landgasthof Adler
Obere Dorfstr. 4
88239 Wangen im Allgäu
Tel. 07506/4 26
Fax 07506/95 11 56
info@gasthaus-adler.net
www.gasthaus-adler.net
DZ ab 25 €, für Motorradfahrer: Parkplatz, Garage
€

ESSEN & TRINKEN

Kißlegg

Gasthof zum Löwen
Herrenstr. 15
88349 Kißlegg
Tel. 07563/82 26
Fax 07563/38 42

Leutkirch

Brauerei-Gasthof Zum Mohren
Wangenerstr. 1
88299 Leutkirch
Tel. 07561/9 85 70
Fax 07561/98 57 27

SEHENSWERT

Das größte intakte **Hochmoor** Mitteleuropas
Infos bei Naturschutzzentrum Bad Wurzach
Rosengarten 1
88410 Bad Wurzach
Tel. 07564/9 31 20
Fax 07564/93 12 22
naturschutzzentrum@bad-wurzach.de

Museum Expressiver Realismus
Malerei des 20. Jahrhunderts im neuen Schloss
Geöffnet April bis November
88349 Kißlegg

Ravensburger Spieleland
Geöffnet von April bis November

VERANSTALTUNGEN

Memmingen
Wallensteinfest
Alle vier Jahre im Sommer (2004, 2008)

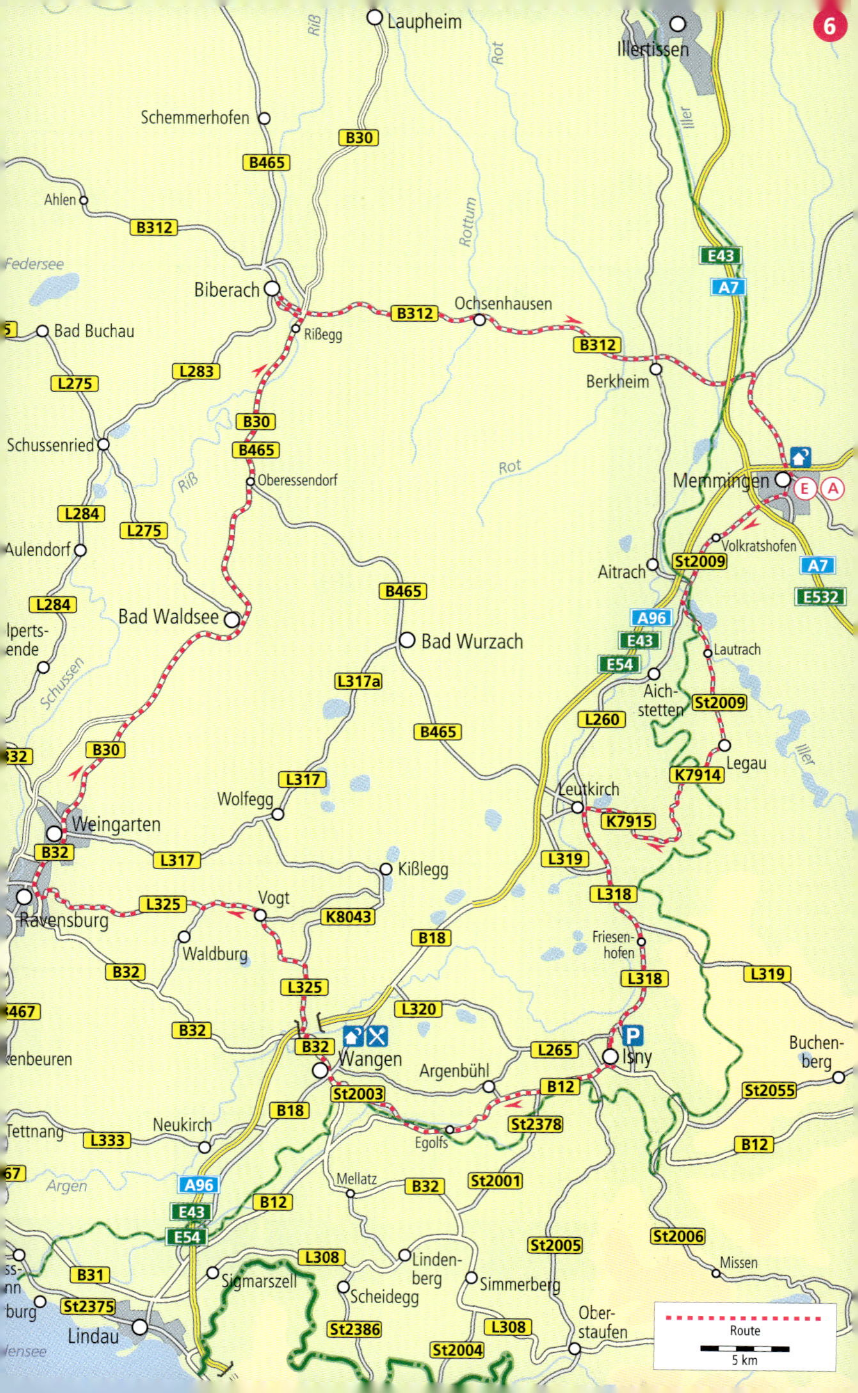
6
Laupheim
Illertissen
Riß
Rot
Iller
Schemmerhofen
B30
B465
Ahlen
B312
Rottum
Federsee
E43
A7
Biberach
Ochsenhausen
Bad Buchau
Rißegg
L283
L275
Berkheim
Schussenried
Riß
Rot
Oberessendorf
Memmingen
E
A
L284
L275
Volkratshofen
Aulendorf
Aitrach
St2009
A7
E532
L284
B465
Bad Waldsee
A96
Bad Wurzach
E43
lperts-
ende
Lautrach
E54
L317a
Schussen
Aich-
stetten
St2009
L260
B465
Legau
Iller
K7914
32
L317
Wolfegg
Leutkirch
Weingarten
K7915
B32
L317
Kißlegg
L319
Ravensburg
L325
Vogt
L318
K8043
Waldburg
B18
Friesen-
hofen
B32
L318
L319
L325
467
L320
B32
B32
P
Buchen-
berg
enbeuren
Wangen
L265
Isny
Argenbühl
St2003
B12
St2055
B18
Tettnang
L333
Neukirch
St2378
B12
Egolfs
67
Argen
A96
Mellatz
B32
St2001
B12
E43
E54
St2005
St2006
L308
Linden-
berg
Missen
B31
Sigmarszell
Simmerberg
St2375
Scheidegg
burg
St2386
L308
Ober-
staufen
Lindau
St2004
lensee
Route
5 km

Roadbook 6 Schwäbische Bäderstraße

Nr.	km	Position	Richtung	Information	
11	165,5	**Ochsenhausen**		auf der B 312 weiter, links halten in Richtung Memmingen	B 312 / 23
10	142,5	**Biberach**		in Richtung Ochsenhausen – Biberacher Marktplatz: Relief in Eselsform	B 312 / 11,5
9	131	**Weingarten**		in Richtung Biberach – der B 30 folgen	B 30 / 40
8	91	**Ravensburg**		auf der B 32 nach Weingarten	B 32 / 4
7	87	**Herfatz**		rechts auf die L325 in Richtung Ravensburg schöne kurvenreiche Strecke	L 325 / 29
6	58	**Wangen**		rechts abbiegen Richtung A 96	B 32 / 3,5
5	54,5	**Abzweig Wangen**		in Richtung Wangen	St2003 / 4,5

4	50	**Isny**		rechts halten auf der B 12	P	**B 12** / 13,5
3	36,5	**Leutkirch**		auf der L 318 bleiben bis Isny Schwarzer Grat	A	**L 318** / 18
2	18,5	**Aitrach**		in Richtung Leutkirch, weiterhin auf der St2009		**St 2009** / 10
1	8,5	**Memmingen**		in Richtung Aitrach – auf der St2009 bleiben bis Campingplatz Iller schwungvolle straße	A	**St2009** / 8,5

Ravensburg
Im Juli Flohmarkt in der Oberstadt
Historisches Schüler- und Heimatfest
Jährliches Fest: Ravensburg spielt

Biberach
Juli: Biberacher Schützenfest
November: Biberacher Filmfestspiele

Isny
Juli bis August: Theaterfestival

Weingarten
August: Stadtfest und Klosterfestspiele
Oktober: Jahrmarkt

Kneipp, Ried und Römer

TOUREN-CHECK

5 Stunden 196 Kilometer

Die alten Handelsstarßen auf denen es entlang geht sind mittlerweile bestens ausgebaut und liefern schwungvolle Kurven, die so richtig schön lang gezogen sind.

Gemütlich ist die Kurstadt Bad Wörishofen schon, auch wenn die Puristen unter den Kneippgängern schiefe Blicke auf Motorrad- und Autofahrer werfen. Denn in der Stadt des Pfarrers Sebastian Kneipp ist Gesundheit das Motto. Er hat aus dem schwäbischen Dorf einen bekannten Kurort gemacht, als er 1855 in das Dominikanerinnenkloster als Beichtvater und wirtschaftlicher Berater berufen wurde. Neben dieser Tätigkeit praktizierte er weiterhin die Wasserkur, die ihm selbst bei der Regeneration von einer Lungentuberkulose geholfen hatte. So nahm das Schicksal seinen Lauf – immer mehr Menschen suchten den Pfarrer Kneipp in Bad Wörishofen auf und folgten seinen Anweisungen. Heute ist Bad Wörishofen ein teures Pflaster und in den Straßen sieht man vor allem ältere Kurgäste, deren Bedürfnis nach Ru-

Gut ausgebaute Straßen führen nach Ottobeuren.

Seite 97: Basilika Ottobeuren

Tipp
Besuchen Sie das Sebastian-Kneipp-Museum. Es verdeutlicht die Lebensverhältnisse im 19. Jahrhundert, des Pfarrers Lebensweg und natürlich die Entwicklung der Kneipp-Bewegung. Informationen bei der Kurdirektion Bad Wörishofen, Tel. 08247/969055.

he entsprochen wird. Ein Umstand, der zu einer innerstädtischen Verkehrsberuhigung und zu einem Nachtfahrverbot geführt hat und jeden motorisierten Menschen dazu zwingt, einen holprigen Slalom hinzulegen.

Mindelheim – Stadt der goldenen Mitte

Die Frundsbergstadt Mindelheim

Ganz anders präsentiert sich das schmucke, mittelalterliche Zentrum von Mindelheim. Die Frundsbergstadt, die in der goldenen Mitte des Unterallgäus liegt, heißt so, weil

1473 ein gewisser Georg von Frundsberg, dessen Vater die Mindelburg hoch über dem Mindeltal gekauft hatte, dort geboren wurde. Berühmt wurde Frundsberg als Heerführer der Landsknechte. Die intakte Stadt mit den vielen Toren und Türmen wäre eine ideale Kulisse für Ritterspiele und historische Filme. Die wechselvolle Geschichte ist im Zentrum greifbar nahe. Am Einlasstor musste in alten Zeiten, wenn jemand zu später Stunde die Stadt betrat, eine Geldbuße an den Torwächter gezahlt werden. Heute sind noch neben dem Tor ein gedeckter Wehrgang, alte

Tipp

Das Frundsbergfest wird in Mindelheim alle drei Jahre im Mai gefeiert. Das letzte Mal fand es 2003 statt. Eine Feier mit historischen Ritterspielen und Umzügen, die im gesamten süddeutschen Raum bekannt ist. Internet www.frundsbergfestring.de

Mauern und eine Madonna zu sehen. Mindelheim gewährt mit seinem Angebot an Museen einen lebendigen Blick durch die Zeiten. Ganz in der Nähe der Stadt findet sich die Katzbruimühle, ein Ausflugslokal, idyllisch gelegen im Quellgebiet der Westernach und liebevoll restauriert. Nördlich von Mindelheim lohnt sich ein Abstecher nach **Babenhausen**, das im Tal der Günz liegt. Ein charmanter Ort, der neben Schloss und Fuggermuseum auch eine Schnapsbrennerei zu bieten hat. Eine kurvige Strecke bringt uns auf der Schwäbischen Bäderstraße nach Otto-

Idyllische Landschaft und Kurvenspass

beuren, zur fulminanten Benediktinerabtei mit ihrer mächtigen Basilika St. Alexander und Theodor. Ab 1737 wurde in mehr als 55 Jahren dieser enorme Klosterkomplex nach den Plänen von Johann Michael Fischer errichtet. Neben der Besichtigung von mit Fresken verzierten Sälen kann man hier auch seiner künstlerischen Ader frönen, denn im Kloster finden außer Exerzitien auch Kurse in Ikonenmalerei statt.

Hochmoor und Alpenblick

Auf der Fahrt nach Kempten verändert sich die Landschaft, denn die Stadt liegt romantisch eingebettet in einer eiszeitlichen Gletscherlandschaft. Es geht durch tiefe Wälder und Moore in die Allgäuer Alpen. Vom gotischen Turm der Burghalde genießt man einen unverwechselbaren Blick auf Kempten und die Kulisse der Alpen. In der ältesten Stadt

Deutschlands kann man sich auf historische Spurensuche begeben. Kempten gehört zu den Städten mit mehreren Geburtsdaten, denn vor 2000 Jahren waren es die Römer und die Kelten, die sich in dem Dorf »Cambodunum« niederließen, 259 n. Chr. kamen die Alemannen, und danach gründeten die Benediktiner ihre große Klosterstadt am Illerufer – das älteste Kloster im ganzen Allgäu. Eine bewegte Geschichte und eine grandiose Lage zeichnen Kempten aus.

Doch nicht nur die Stadt Kempten kann auf eine wechselvolle Geschichte verweisen, sondern auch die Stadt Kaufbeuren, die aus einem im 8. Jahrhundert angelegten Karolinger Königshof hervorging. Sehr anmutig im Tal der Wertach gelegen zieht das

In Kaufbeuren wird gefeiert: das Tänzelfest.

mittelalterliche Zentrum die Besucher an, und das nicht nur zu Zeiten des Tänzelfestes – der Sommerattraktion im Allgäu schlechthin. Der Reichtum der ehemaligen Handels- und Handwerkerstadt lässt sich am besten bei einem Bummel durch die Altstadt erfahren. Früher waren es neben Handel und Landwirtschaft die Papierherstellung, der Tuchhandel und die Weberei, die der Stadt »Zu den Kaufhäusern« den Reichtum bescherten. Heute ist hier eines der größten Schmuckzentren Deutschlands angesiedelt: Neugablonz. Hier ließen sich vertriebene Sudetendeutsche nieder und führten ihre handwerkliche Tradition – die Glas- und Schmuckindustrie – weiter. Juweliere in der Stadt bieten die Kreationen aus Neugablonz an und im Gablonzer Museum sind einmalige Exponate zu besichtigen.

Tipp

Tänzelfest in Kaufbeuren: Jeden Sommer im Juli findet das älteste Kinderfest Bayerns statt. Eine Woche lang würdigt man den Besuch Kaiser Maximilians I. mit historischem Lagerleben, Umzügen und Wettbewerben. Informationen beim Verkehrsverein Kaufbeuren, Tel. 08341/4 04 05.

INFORMATION

Fremdenverkehr Babenhausen
Touristeninformation
Auf der Wies 12
87727 Babenhausen
Tel. 08333/9 31 32
Fax 08333/9 31 33
mail@touristinfo-babenhausen.de
www.touristinfo-babenhausen.de

Kurdirektion Bad Wörishofen
Bürgermeister-Ledermann-Str. 1
86825 Bad Wörishofen
Tel. 08247/96 90 55
Fax 08247/3 23 23
info@bad-woerishofen.de
www.bad-woerishofen.de

Tourismusverband Allgäu/Bayerisch-Schwaben
Schießgrabenstr. 14
86150 Augsburg
Tel. 0821/4 50 40 10
Fax 0821/45 04 01 20
info@tvabs.de
www.bayerisch-schwaben.de

Verkehrsbüro Mindelheim
Maximilianstr. 27
87719 Mindelheim
Tel. 08261/99 15 20
touristinfo@mindelheim.de
www.mindelheim.de

UNTERKUNFT

Apfeltrang

Landgasthof Hubertus
Wenglinger Str. 2
87674 Apfeltrang
Tel. 08341/8 19 76
Fax 08341/1 27 47
info@hubertus-apfeltrang.de
www.hubertus-apfeltrang.de
Landgasthof mit Gästezimmern, Biergarten und Kegelbahn. Garage für Motorradfahrer.
€

Frankenried

Landgasthof zum Goldenen Schwanen
Paul-Gaupp-Str. 1
87665 Frankenried (3 km entfernt von Kaufbeuren)
Tel. 08341/9 39 60
Fax 08341/93 96 30
goldenerschwanen@aol.com
www.goldener-schwanen.de
Für Motorradfahrer: Garage, Trockenraum
€€

Kaufbeuren

Hotel Grüner Baum
Obere Gasse 4
87600 Kaufbeuren
(Ortsteil Oberbeuren)
Tel. 08341/9 66 11-0
Fax 08341/9 66 11-79
info@gruener-baum-hotel.de
www.gruener-baum-hotel.de
Idealer Ausgangspunkt für traumhafte Motorradtouren nach Österreich, Italien und in die Schweiz. Bietet geführte Touren an.
€€

Kempten

Smartmotel
Edisonstr. 4
87437 Kempten
Tel. 0831/20 06 00
Fax 0831/2 00 60 60
info@smartmotel.de
www.smartmotel.de
Für Motorradfahrer Stellplatz, Tiefgarage, Straßenkarten, Motorradlektüre
€€

Memmingen

Parkhotel Memmingen
Ulmer Straße 7
87700 Memmingen
Tel. 08331/93 20
Fax 08331/4 84 39
info@parkhotel-memmingen.de
www.parkhotel-memmingen.de
inkl. Frühstück und Saunabenutzung
Parkplätze
€€

ESSEN & TRINKEN

Gasthof Obermindental
Bayersrieder Str. 3
87634 Obergünzburg/Willofs
Tel. 08306/2 12
Fax 08306/71 15
info@seegger.de
www.willofs.de

Hotel Hirsch
Marktplatz 12
87724 Ottobeuren
Tel. 08332/79 91 03
hotel-hirsch@t-online.de
www.hotel-hirsch.de
Mit Restaurant, Sauna, DZ ab 51 €, für Motorradfahrer: Garage, Trockenraum und Tourentipps

SEHENSWERT

Kunsthaus Kaufbeuren
Schwerpunkt internationale moderne und zeitgenössische Kunst
Spitaltor 2
87600 Kaufbeuren
Tel. 08341/86 44
Fax 08341/86 55
mail@kunsthaus-kaufbeuren.de
www.kunsthaus-kaufbeuren.de

Motorräder auf der Jochstraße am Oberjoch, Abfahrt nach Hindelang

Naturlehrpfad Via Aqua
zum Thema Wasser.
Dauer ca. 3 Stunden
Information bei
Verkehrsverein Kaufbeuren
Kaiser-Max-Str. 1
87600 Kaufbeuren
Tel. 08341/4 04 05
Fax 08341/7 39 62
tourist-info@kaufbeuren.de
www.kaufbeuren.de

Weitnau Miniaturpark Allgäu
Modelle berühmter Bauwerke aus aller Welt
Zur Eisenschmiede 1–3
87480 Hofen
Information: Tel. 08375/16 07

VERANSTALTUNGEN

Februar in Buchenberg:
Schlittenhunderennen, eines der größten in Europa
Information:
Tel. 08378/92 02 22

Juli in Kaufbeuern: **Tänzelfest**
Seit 1959 steht im Mittelpunkt des Festes Kaiser Maximilian I., der „letzte Ritter Deutschlands", und am Sonntag und Montag wird vor dem großen Festzug in einer Spielszene vor dem Rathaus die legendäre Stiftung des Festes durch den Kaiser dargestellt.
www.taenzelfest.de

Mitte August in Kempten:
Allgäuer Festwochen

EINKAUFEN

Bad Wörishofen
Kneipp-Naturkostladen
Wörisiana-Haus
Kathreiner Str. 9b
86825 Bad Wörishofen

Königsberger Marzipan im
Café Schwermer
Hartenthaler Str. 36
86825 Bad Wörishofen

Kaufbeuren
Erster Samstag im Mai:
Kunsthandwerkermarkt

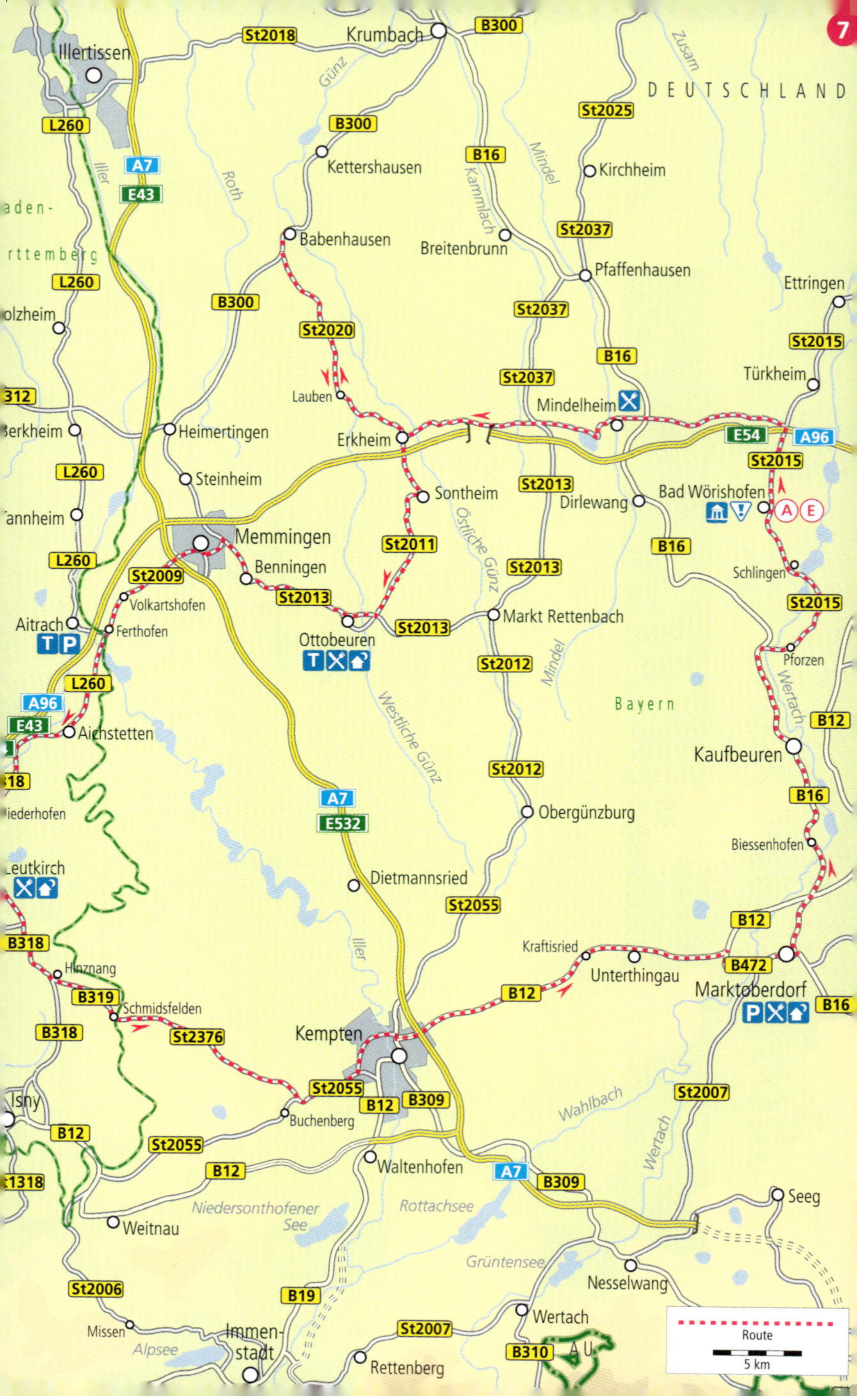
7
DEUTSCHLAND
Baden-
Württemberg
Bayern
Illertissen
Krumbach
Kettershausen
Kirchheim
Babenhausen
Breitenbrunn
Pfaffenhausen
Ettringen
Türkheim
Mindelheim
Lauben
Erkheim
Heimertingen
Steinheim
Sontheim
Dirlewang
Bad Wörishofen
Memmingen
Benningen
Volkartshofen
Ferthofen
Aitrach
Ottobeuren
Markt Rettenbach
Schlingen
Pforzen
Aichstetten
Kaufbeuren
Obergünzburg
Biessenhofen
Leutkirch
Dietmannsried
Kraftisried
Unterthingau
Marktoberdorf
Hinznang
Schmidsfelden
Kempten
Isny
Buchenberg
Waltenhofen
Seeg
Weitnau
Niedersonthofener See
Rottachsee
Grüntensee
Nesselwang
Missen
Alpsee
Immenstadt
Wertach
Rettenberg
Günz
Roth
Iller
Kammlach
Mindel
Zusam
Östliche Günz
Westliche Günz
Wertach
Wahlbach
A7
E43
E532
A96
E54
B300
B16
B12
B472
B309
B19
B310
B318
B319
St2018
St2025
St2037
St2020
St2013
St2011
St2009
St2012
St2015
St2055
St2376
St2007
St2006
L260
Route
5 km

Roadbook 7 Lech-Iller-Platte

Nr.	km	Position	Richtung	Information	
15	196	**Kaufbeuren**		in Richtung Bad Wörishofen – Kunsthalle	B 16/St 201 16,5
14	179,5	**Marktoberdorf**		in Richtung Kaufbeuren	B 16 12,5
13	167	**Kraftisried**		in Richtung Marktoberdorf – gut ausgebaute Straße	B 12/St 2012 12
12	155	**Kempten**		auf der B 12 bleiben bis Kraftisried	B 12 14,5
11	140,5	**Leutkirch**		in Richtung Kempten – Stadtzentrum Kempten	L 318 30
10	110,5	**Aitrach**		geradeaus in Richtung Leutkirch P T	L260/B 18 16,5
9	94	**Memmingen**		links abbiegen in Richtung Aitrach	St 2009 7,5

8	86,5	**Memmingen**	links	links abbiegen auf Stadtring Sieben-Dächer-Haus	**B 300** 2,5
7	84	**Ottobeuren**	rechts	in Richtung Memmingen Basilika	**St 2013** 12
6	72	**Erkheim**	geradeaus	geradeaus auf der St 2011 in Richtung Ottobeuren schöne lang gezogene Kurven	**St 2011** 12
5	60	**Babenhausen**		zurück in Richtung Erkheim Schnapsbrennerei Salzgeber	**ST 2020** 16
4	44	**Erkheim**	rechts	rechts, Abstecher nach Babenhausen Fahrbahnbelag z. T. beschädigt	**St 2020** 16
3	28	**Mindelheim**	geradeaus	geradeaus durch Mindelheim in Richtung Erkheim Katzbruimühle	14,5
2	13,5	**hinter der A 96**	links	in Richtung Mindelheim	8,5
1	5	**Bad Wörishofen**	geradeaus	in Richtung A 96 – Sebastian-Kneipp-Museum, Nachtfahrverbot	**St 2015** 5

Mediterranes Ambiente

TOUREN-CHECK

3,45 Stunden — 107 Kilometer

Kurvig geht es am See dahin. Das angenehme Klima erlaubt es auch im Herbst noch, ausgedehnte und spritzige Touren zu unternehmen. Das hat den Vorteil, das ein Großteil der Touristen wieder abgezogen ist und die Straße nicht voll sind. Der Asphalt ist gut und lädt zum »Heizen« ein.

Die Nebelschwaden kriechen am frühen Morgen langsam davon und geben den Blick frei auf die Kulisse des Unteren Sees und den Hohentwiel. Er ragt westlich der Stadt Singen in 686 m Höhe auf und trägt eine der größten Burgruinen Deutschlands. Die Stadt selbst wird als Touristenziel vernachlässigt und gilt eher als Industriestadt. Doch sie hat einiges an Geschichte und Attraktionen zu bieten.

Singen ist die Metropole eines Symbols der deutschen Küche und der deutschen Gasthaustische: Maggi. Nahezu 6000 Tonnen Maggi braut die Alchemistenküche im Singener Stammhaus und würzt damit deutschlandweit die Suppenteller.

Das Naturschutzgebiet Mettnau am Bodensee

Tipp

Jedes Jahr im Juli feiern die Singener das Hohentwielfest. Wenn die Nacht sich über die Burg senkt, wird geswingt und gejazzt. Hier sind bereits Ray Charles, Miriam Makeba und Miles Davis aufgetreten. Information beim Verkehrsamt Singen, Tel. 07731/8 52 62

Enklave für Künstler und Dichter

Die Stadt Singen, die sich an die durch Vulkanausbrüche entstandenen Hegauberge anschmiegt, präsentiert im Archäologischen Hegau-Museum die Geschichte dieses Gebietes. Auch sonst wird Kultur in Singen groß geschrieben: In der attraktiven Fußgängerzone ist der Paradiesbaum des Künstlers Peter Lenk zu bestaunen. Und das Singener Rathaus besitzt eines der größten Werke von Otto Dix: »Krieg und Frieden«. Otto Dix war vor den Nationalsozialisten nach Hörli nahe der Schweizer Grenze geflüchtet. Zum Landleben verdammt, das er »zum Kotzen schön« fand. Die kleine Landzunge Hörli zieht seit Jahrhunderten Künstler und Dichter an, die, wie Hermann Hesse, in der Ruhe Inspiration suchten.

Der eindrucksvolle Hohentwiel mit seiner Ruine

Inspirierend ist die Fahrt durch das Grün und entlang den Steilufern der Marienschlucht zwischen Wallhausen und Bodman-Ludwigshafen, das am westlichen Ende des Überlinger Sees liegt. Die Doppelgemeinde wartet mit einem beliebten Jachthafen auf, der dem Ort mediterrane Züge verleiht. Kleine Jachten schaukeln sanft auf dem gekräuselten Wasser des Bodensees, in der Karolingerzeit »Lacus Podamicus« genannt, aus dem sich der Name »Bodmansee« und dann »Bodensee« entwickelt hat. In der sonnenverwöhnten Stadt ist die Hauptattraktion das Zollhaus, das der badische Großherzog erbaute und das heute

Das imposante Münster in Weingarten

den ansprechenden Rahmen für Konzerte und Feste bietet. Von hier aus kann man eine Vielzahl an Wanderungen unternehmen: Auf dem Obstwanderweg erfährt man alles über die Früchte am See, auf dem Weinwanderweg durch den Königsgarten kann man eintauchen in die Welt der Trauben. Die Wanderung zur wildromantischen Marienschlucht, dem einzigen Steilufer am See, beschert eine spektakuläre Schau auf die Landschaft rund um den.

Insel Reichenau – Weltkulturerbe der UNESCO

Da im Jahr 2000 die Insel Reichenau zum Weltkulturerbe der UNESCO erkoren wurde, ist vom nahen Radolfzell eine Schifffahrt zur Insel ein lohnender Abstecher.

Ihre wichtigste Einnahmequelle ist bis dato der Verkauf von Gemüse. Doch mehr und mehr wandelt sie sich zu einem beliebten Wohnvorort von Konstanz.

Auf der Fahrt nach Meersburg öffnet sich der Bodensee nach Osten hin, das intensive Blau des Wassers weitet auch die Seele des Betrachters. Bei Sipplingen kann man sich über die gewaltige Wasserversorgung aus dem Bodensee informieren. Über 9000 Liter je Sekunde entnimmt das Werk dem See, der damit die Trinkwasserversorgung von St.Gallen bis Stuttgart garantiert. Die Weinberge künden bereits Meersburg an. Nicht nur der Wein gehört zu Meersburg, sondern auch die gleichnamige

Tipp

Die Insel Reichenau ist mit 4 km² die größte des Bodensees. Ein Rundblick über die Insel, den Untersee und die umliegenden Hügel bietet sich von der Hochwart an. Infos bei: Tourist-Information Reichenau
Pirminstraße 145
Tel. 07534/92 07-0
Fax 07534/92 07-77
info@reichenau-tourismus.de
www.reichenau.de

Burg, die auf jedem 20-Mark-Schein zu sehen ist. Die heimeligen Fachwerkhäuser der Stadt erzählen von einer tausendjährigen Geschichte und bilden die Kulisse für einen Gang durch die Vergangenheit. Der Liebreiz und die romantische Atmosphäre von Meersburg gaben auch dem Heimatfilm »Die Fischerin vom Bodensee« den richtigen Rahmen. Die südliche Stimmung in der Altstadt und die vielen Weinstuben, die zur Einkehr einladen, tragen zum gelungenen Abschluss dieser Tour wesentlich bei.

Wie aus einer anderen Welt: Konzertsegel am Bodensee

INFORMATION

Kultur- und Verkehrsamt Singen
August-Ruf-Str. 13
78224 Singen
Tel. 07731/8 52 62
Fax 07731/8 52 63
tourist-info.stadt@singen.de
www.singen.de

Kur- und Verkehrsverwaltung Meersburg
Kirchstr. 4
88709 Meersburg
Tel. 07532/44 04 00
Fax 07532/4 40 40 40
info@meersburg.de
www.meersburg.de

Touristinformation Bodman-Ludwigshafen
Hafenstr. 5, 78351 Bodman-Ludwigshafen
Tel. 07773/93 00 40
Fax 07773/93 00 43
tourist-info@
bodman.ludwigshafen.de
www.bodman-ludwigshafen.de

Tourist-Information Radolfzell
Im Bahnhof
78315 Radolfzell
Tel. 07732/8 15 00
Fax 07732/8 15 10
touristinfo@radolfzell.de
www.radolfzell.de

Tourist-Information Reichenau
Pirminstraße 145
Tel. 07534/92 07-0
Fax 07534/92 07-77
info@reichenau-tourismus.de
www.reichenau.de

UNTERKUNFT

Meersburg

Romantik-Hotel Residenz am See
Uferpromenade 11
88709 Meersburg
Tel. 07532/80040
Fax 07532/800470
info@hotel-residenz-meersburg.com
www.hotel-residenz-meersburg.com
Mit Restaurant, Hotelbar und Terrasse, DZ ab 95 €, für Motorradfahrer: Parkplatz
€€€

Owingen/Hohenbodman

Gasthaus Adler
Lindenstr. 25
88696 Owingen/Hohenbodman

Tel. 07557/241
Fax 07557/8968
info@adler-hohenbodman.de
www.adler-hohenbodman.de
DZ ab 35 €, für Motorradfahrer: Garage
€

Singen

Hegau-Haus
Duchtlinger Str. 55
78224 Singen
Tel. 07731/4 46 72
Fax 07731/94 94 52
mail@hotel-hegahaus.de
www.hotel-hegauhaus.de
DZ ab 25 €, Biergarten, für Motorradfahrer: Garage
€€

Uhldingen-Mühlhofen

Gästehaus Schechter
Hallendorfer Str. 3c
88690 Uhldingen-Mühlhofen
Tel. 07556/5497
Fax 07556/966680
info@gaestehaus-schechter.de
www.gaestehaus-schechter.de
DZ ab 40 €, Ferienwohnungen mit Liegewiese, für Motorradfahrer: Parkplatz, Garage und Trockenraum
€

ESSEN & TRINKEN

Reichenau

Insel Reichenau
Reichenauer Salatstube
Untere Rheinstr. 21
78479 Reichenau
Tel. 07534/73 39
info@reichenauer-salatstube.de
www.reichenauer-salatstube.de

Singen

Gasthaus Kreuz
Im Kulturzentrum GEMS
Mühlenstr. 13
78224 Singen
Tel. 07731/6 72 22
Fax 07731/6 55 28
info@diegems.de
www.kreuz.diegems.de

Hotel/Restaurant Hohentwiel
Hohentwiel 1
78224 Singen
Tel. 07731/9 90 70
Fax 07731/99 07 40
www.hotel-hohentwiel.de

SEHENSWERT

Droste-Museum
Stettener Str. 9
88709 Meersburg
Tel. 07532/60 88
Geöffnet von April bis Oktober

Heimatmuseum in Ergat
78479 Reichenau
Tel. 07534/99 93 21
Geöffnet von Mai bis September

Weinbau-Museum
Vorburggasse 11
88709 Meersburg
Tel. 07532/8 23 88
Geöffnet von April bis Oktober

VERANSTALTUNGEN

Juli: **Hohentwiel-Festival**
Infos: Tel. 08378/92 02 22
Kultur- und Verkehrsamt Singen
Tel. 07731/8 52 62

Juli: **Wein- und Fischerfest**
Infos bei Verkehrsverein Insel Reichenau, Tel. 07534/9 20 70

Juli: **Hausherrenfest**
Infos bei: Tourist-Information Radolfzell, Tel. 07732/8 15 00

DEUTSCHLAND
SCHWEIZ
Baden-Württemberg
Bayern
AU
Bodensee
Überlinger See
Untersee
Zellersee
Gnadensee
Mindelsee
Ilmensee
Reichenau
Rhein
Aach
Schussen
Argen
Thur
Singen
Hohentwiel 686
Engen
Aach
Mühlhausen
Liptingen
Stockach
Stahringen
Radolfzell
Rielasingen-Worblingen
Stein am Rhein
Steckborn
Ludwigshafen
Sipplingen
Überlingen
Birnau
Wallfahrtskirche St. Maria
Uhldingen-Mühlhofen
Unteruhldingen
Meersburg
Allensbach
Dettingen
Konstanz
Hedwangen
Wald
Pfullendorf
Denkingen
Heiligenberg
Wilhelmsdorf
Altshausen
Markdorf
Hepbach
Bavendorf
Immenstaad am Bodensee
Friedrichshafen
Meckenbeuren
Ravensburg
Weingarten
Bad Waldsee
Wolfegg
Waldburg
Tettnang
Neukirch
Eriskirch
Langenargen
Kressbronn
Lindau
Romanshorn
Arbon
Amriswil
Weinfelden
Frauenfeld
Route
5 km

Roadbook 8 Überlinger See

Nr.	km	Position	Richtung	Information	
10	106,5	**Ravensburg**	↑	geradeaus durch Ravensburg nach Weingarten	4
9	102,5	**Marktdorf**	↱	in Richtung Ravensburg	B 33 / 21
8	81,5	**Friedrichshafen**	↰	auf der B 31 bis Abzweig Marktdorf landschaftlich schöne Strecke	K 7739 / 11
7	70,5	**Umgehung Meersburg**	↱	rechts abbiegen auf die B 31	B 31 / 16,5
6	54	**Meersburg**	↱	Fährhafen Meersburg links, auf der B 33 durch die Stadt bis zur Umgehung (B 31)	B 33 / 2,5
5	51,5	**Uhldingen-Mühlhofen**	↑	erst geradeaus, dann rechts halten, verschwiegene Straße entlang des Bodenseeufers.	L 201 / 6,5
4	45	**Überlingen**	↱	auf der B 31 bleiben	B 31 / 9

3	36	**Ludwigshafen**		rechts abbiegen		**B 31** 10
2	26	**Radolfzell**		auf der B 34 bleiben, Abstecher zur Insel Reichenau möglich	P	**B 34** 14
1	12	**Singen**		in Richtung Stockach/Radolfzell Hohentwiel, Hegau-Museum	T	**B 34** 12

Grünes Grenzland

TOUREN-CHECK

3,45 Stunden 132 Kilometer

Absolut empfehlenswerte Tagestour mit reichlich Pass- und Jochstraßen. Auch für Anfänger geeignet, die sich an voralpine Touren herantasten wollen.

Noch Oberschwaben – oder schon Allgäu: Genau dazwischen liegt Wolfegg, der Kurort, der schon mehrfach mit der Goldmedaille des Wettbewerbs »Unser Dorf soll schöner werden« ausgezeichnet wurde. Eingebettet in eine sanfte Hügellandschaft mit zahlreichen Weihern und Mooren schlummert der Luftkurort Wolfegg. Drum herum bildet die abwechslungsreiche, weite Voralpenlandschaft über der »Wolfegger Ach« die Kulisse.

Schon im alemannischen Siedlungsgebiet stand ein Schloss, das nach einem Brand im 16. Jahrhundert neu errichtet wurde, dann wieder abbrannte und im 17. Jahrhundert abermals aufgebaut wurde. Bei dieser Vorgeschichte mag es einen nicht wundern, dass die Wolfegger unaufhaltsam mit großem Enthusiasmus an die Verschönerung ihres Ortes gehen.

Kurze Begegnungen und berauschende Kurven

Seite 119, oben: Das Oldtimermuseum in Wolfegg

Noch Oberschwaben – oder schon Allgäu

Eine Ahnung vom ländlichen Leben in dieser Region bietet auch der Besuch des Bauernmuseums in Wolfegg, in dem Bauernhäuser aus dem südlichen Oberschwaben und dem westlichen Allgäu zu sehen sind. Zusätzlich werden regelmäßig alte Techniken vorgeführt. Der charmante Charakter einer Residenzstadt und die ideale Lage von Wolfegg als Ausgangspunkt für Touren nach Österreich und in die Schweiz machen diese Ortschaft zu einem Kleinod. Die schwungvolle Straße führt vorbei am »Gasthof zum Paradies« in Vogt nach Wangen, eine weitere prämierte Freizeitoase.

»An Wangen bleibst du hangen«

Mit mittelalterlichem Charme empfängt einen Wangen, in dessen romantischem Stadtkern sich Allgäuer Geruhsamkeit und mediterraner Witz verbinden und jeden Besucher gefangen nehmen. Wangen wurde zu einem der schönsten Orte in Baden-Württemberg gewählt. Dabei lobte die Jury besonders die mittelalterliche Architektur mit ihren schönen historischen und modernen Brunnen. Das Zentrum der ehemaligen Freien Reichsstadt ist zwar verkehrsberuhigt, einen Bummel sollte man sich aber nicht entgehen lassen. Der beste Tag für einen Besuch ist der Mittwochvormittag, wenn zwischen der prächtigen Paradiesstraße und

Der Alpsee bei Immenstadt lockt mit einer Abkühlung.

Tipp

Im Wolfegger Automobilmuseum hat Fritz Busch über 200 Ausstellungsstücke, darunter etwa 120 Oldtimer, zusammengetragen. Zu besichtigen sind die edlen Karossen im Marstall des Schlosses Wolfegg. Ab Ostern geöffnet von 9 Uhr bis 18 Uhr. Information bei: Wolfegg Information, Tel. 07527/96 01 51.

Blick auf das herausgeputzte Wolfegg

dem farbenfrohen Frauentor die Marktleute ihre Produkte anpreisen. Beim Verlassen von Wangen verändert sich die Landschaft merklich: Scheunen aus verwittertem Holz und Kapellen mit kecken Zwiebeltürmen bilden eine traumhafte Idylle, die mit fantastisch gezogenen Kurven einhergehen. Die Berggipfel rücken näher und die gelben Löwenzahnwiesen fangen den Blick ein. Der heilklimatische Kurort **Scheidegg** ist bekannt für seine Wasserfälle und für die typische Bauweise seiner bunten Häuser mit der traditionellen Schindelverkleidung als Schutz gegen die Witterung.

Allgäuer Hüte und atemberaubende Aussichten

Ein besonderer Schutz kam im letzten Jahrhundert aus dem nahen **Lindenberg:** Hüte aus Stroh, Tropenhelme und Filzhüte wurden (und werden) in diesem Städtchen hergestellt. Darüber informiert das Hutmuseum in der Hirschstraße von Lindenberg. Was früher die Filzhüte waren, ist heute der Käse. Besonders für die Herstellung von

Schmelzkäse ist Lindenberg ein Begriff. Der Allgäuer Käse wird aber auch in den umliegenden Käsereien auf traditionelle Weise hergestellt. Von Lindenberg aus windet sich eine schöne Straße zum Paradies hinauf. Im wahrsten Sinn des Wortes bietet dieser himmlische Rastplatz, hoch über dem Tal der Weißach gelegen, ein atemberaubendes Panorama über den Bregenzer Wald und über den Säntis in der Schweiz. Zurück auf der B 308 geht es nach Oberstaufen, ehemals »Kuhdorf« und heute das weltweit einzige Schrothheilbad, das besonders die Kururlauber anlockt. Nach Oberstaufen kommen die älteren Kururlauber, die nach kalten Wickeln und Gerichten aus zerkleinerten Getreidekörnern lechzen. Damit die Gesundheit nicht beeinträchtigt wird, sorgt man des Nachts für Ruhe, soll heißen:

Tipp

Im Nordwesten von Scheidegg liegen die Rickenbacher Wasserfälle, um die ein atemberaubender Spazierweg führt.
Information bei Kurverwaltung Scheidegg:
Tel. 08381/8 95 55.

Lindenberg – Stadt des Käses

Hutmuseum in Lindenberg

Hier herrscht ganzjährig Durchfahrverbot von 22 Uhr nachts bis 6 Uhr morgens.

Kunst und Natur

Ein wahrhaft romantisches Landschaftsbild öffnet sich auf der B 12 über **Isny** und **Kißlegg** nach **Wolfegg**. Auf breitem grauem Asphaltband schwebt man an sattgelben Wiesen, Seen und Mooren vorbei. Ein Naturparadies umgibt mit seinen nahezu 92 km2 die Stadt Kißlegg, deren Stadtbild geprägt ist von zwei Barockschlössern und der Barockkirche. Bereits bei der Einfahrt erkennt man die Treppengiebel des alten Schlosses, die sich majestätisch über Kißlegg erheben. Einen wunderbaren und erfrischenden Gegensatz zu den vergangenen Zeiten des Barocks bildet das Museum »Expressiver Realismus«, in dem über hundert Gemälde sowie zusätzliche Sonderausstellungen im Schloss gezeigt werden. Tief atmen wir nochmals die Bilder ein, die dem Klischee des Allgäus so entsprechen: grüne Wiesen, sanft gewellte Hügel und glückliche Kühe – einfach so in die Landschaft gemalt.

Tipp

In Weiler lockt der Enschenstein, ein enormer Nagelfluhbrocken, die Besucher an. Die Felsenburg diente bereits vor Jahrhunderten den Römern als Zufluchtsort. Information beim Gästeamt Weiler-Simmerberg, Tel. 08387/3 91 50.

DEUTSCHLAND
Bayern
Baden-
Württemberg
ÖSTERREICH
SCHWEIZ
Bodensee
Wolfegg
Weingarten
Horgenzell
Ravensburg
Bavendorf
Schussen
Vogt
Karsee
Leupolz
Waldburg
Kißlegg
Leutkirch
Ratzen-
ried
Christazhofen
Argenbühl
Isny
Wangen
Meckenbeuren
Tettnang
Neukirch
Friedrichs-
hafen
Argen
Obere Argen
Opfen-
bach
Mellatz
Lindenberg
Heimen-
kirch
Grünen-
bach
Seltmans
Sibratshofen
Missen
Salmaser Höhe
1254
Alpsee
Immenstadt
Oberstaufen
Deutsche
Alpenstraße
Simmer-
berg
Scheidegg
Sigmarszell
Langenargen
Kress-
bronn
Lindau
Bregenz
Pfänder
1064
Bregenzer Ach
Weißach
Rorschach
Rhein
Kempten
Dietmannsried
Obergünzburg
Buchenberg
Waltenhofen
Niedersont-
hofner See
Rottachsee
Wahlbach
Iller
Grünten-
see
Wertach
Rettenberg
Grünten
1738
Werlacher
Hörnle
1695
Hinde-
lang
Sonthofen
Fischen
Stuiben
1749
Hochgrat
1833
Siplingerkopf
1746
Weißach
Route
5 km
A7
A96
E54
E43
E532
E60
B12
B18
B30
B31
B32
B33
B308
B309
B310
B318
B319
B467
B19
L288
L317
L315
L324
L325
L326
L330
L265
L320
L333
L334
K7937
K8043
K8013
K8014
St2055
St2376
St2378
St1318
St2001
St2005
St2006
St2007
St2375
St2386
190
199
202
205
13
1

INFORMATION

Kurverwaltung Oberstaufen
Hugo-von-Königsseggstr. 8
87534 Oberstaufen
Tel. 08386/9 30 00
Fax 08386/93 00 20
info@oberstaufen.de
www.oberstaufen.de

Kurverwaltung Scheidegg
Rathausplatz 4
88175 Scheidegg
Tel. 08381/8 95 55
Fax 08381/8 95 50
kurverwaltung@scheidegg.de
www.scheidegg.de

Tourist-Information Isny
Unterer Grabenweg 18
88316 Isny
Tel. 07562/97 56 30
Fax 07562/9 75 63 14
info@isny-tourismus.de
www.isny.de

Tourist-Information Wangen
Marktplatz 1
88239 Wangen im Allgäu
Tel. 07522/7 42 11
Fax 07522/7 42 14
tourist@wangen.de
www.wangen.de

Wolfegg Information
Rötenbacher Str. 13
88364 Wolfegg
Tel. 07527/96 01 51
Fax 07527/9 60 17 08
wolfegg.info@t-online.de
www.wolfegg.de

UNTERKUNFT

Hergatz
Harley World
Staudach 4
88145 Hergatz
Tel. 07522/97770
Fax 07522/977797
harley-world@t-online.de
www.k-m-harley-world.de
DZ ab 15 €, für Motorradfahrer: Garage, Tourentipps, Harley-Verkauf und -Service
€

Oberstaufen
Hotel Mühlenhof
Mühlenstr. 13
87534 Oberstaufen
Tel. 08386/9 32 60
Fax 08386/43 31
www.hotel-muehlenhof.de
Für Motorradfahrer: geführte Touren, Rückholservice, Strassenkarten, Garage,Trockenraum
€

Wangen im Allgäu
Allgäuer Hof
Wittwaistr. 1
88239 Wangen im Allgäu
Tel. 07522/28078
DZ ab 40 €, für Motorradfahrer: Parkplatz, Garage, Trockenraum
€

Wangen im Allgäu
Landgasthof Adler
Obere Dorfstr. 4
88239 Wangen im Allgäu
Tel. 07506/ 426
Fax 07506/ 95 11 56
info@gasthaus-adler.net
www.gasthaus-adler.net
DZ ab 25 €
Für Motorradfahrer: Parkplatz, Garage

ESSEN & TRINKEN

Kißlegg
Goldener Adler
Herrenstr. 12
88349 Kißlegg
Tel. 07563/82 26

Museumsgaststätte Fischerhaus
Fischergasse 29
88364 Wolfegg
Tel. 07527/51 50
Fax 07527/9 21 89 29
fischerhaus-wolfegg@web.de
www.bauernhausmuseum-wolfegg.de

SEHENSWERT

Alpakahof in Bad Wurzach
Auf ca. 120. 000 qm Freigehege leben Alpakas, Kamele, Lamas, Araber- und Miniaturpferde, Tibetrinder, Emus, Pfauen, Esel, Schafe, Ziegen, Katzen, Hunde vieler Rassen und eine große Anzahl von Wasser- und Ziergeflügel und viele andere Tiere einträchtig nebeneinander.
ALPAKAHOF
Haid 3
88410 Bad Wurzach
Tel. 07564/34 90
Fax 07564/52 13
info@alpakahof.de
www.alpakahof.de
Öffnungszeiten:
täglich 9.00 bis 19.00 Uhr

Automobilmuseum
Querschnitt durch die Geschichte der Motorisierung
Tourist-Information
Am Schloss
88364 Wolfegg
Tel. 07527/62 94
www.automuseum-busch.de

Bauernhausmuseum
Ländliche Bauten und Vorführung alter Techniken
Weingartener Str. 11

Roadbook 9 Oberschwaben

Nr.	km	Position	Richtung	Information	
16	132	**Ortsende Kißlegg**		in Richtung Wolfegg abbiegen	L 330 / 8,5
15	123,5	**Kißlegg**		in Richtung Kißlegg	L 265 / 1
14	122,5	**Einmündung L 265**		in Richtung Kißlegg bleiben	L 265 / 15
13	107,5	**Argenbühl**		rechts abbiegen	K 8014 / 2,5
12	105	**vor Argenbühl**		von der B 12 rechts abbiegen nach Argenbühl	B 12 / 1,5
11	103,5	**Isny**		auf der B 12 bleiben in Richtung Wangen	St 2005 / 5,5
10	98	**Einmündung B 12**		weiter auf der B 12/B 12n nach Isny Naturparadies, auf der B 12 bleiben	B 12 / 9

Tour 9

Nr.	km	Position	Richtung	Information	Straße / km
9	89	**Sibratshofen**		weiter auf der St 2001	St 2001 / 2
8	87	**Immenstadt**		links Richtung Missen	St 2006 / 15,5
7	71,5	**Oberstaufen**		weiterhin auf der B 308 Nachtfahrverbot in Oberstaufen	B 308 / 15,5
6	56	**Lindenberg**		links, der B 308 folgen bis Oberstaufen gut ausgebaute Straße	B 308 / 18,5
5	37,5	**Mellatz**		rechts in Richtung Scheidegg/Lindenberg schöne kurvenreiche Strecke	4,5
4	33	**Opfenbach**		links weiterhin auf der B 32, Beschilderung nach Oberstaufen	B 32 / 2
3	31	**bei Wangen**		auf der B 32 durch Wangen in Richtung Lindenberg	B 32 / 7
2	24	**Vogt**		rechts abbiegen in Richtung Wangen, schwungvolle Straße	B 32 / 14

88364 Wolfegg
Tel. 07527/9 55 00
Fax 07527/9 55 010
info@bauernhaus-museum.de
www.bauernhausmuseum-wolfegg.de

Hutmuseum
Arbeitsplätze der Huterer
In der Stadtbibliothek
Brenntnerwinkel 4
88161 Lindenberg
Tel 08381/ 803 28
www.lindenberg.de/hutmuseum

Malerei des 20. Jahrhunderts
Im neuen Schloss
Geöffnet April bis November
88349 Kißlegg

VERANSTALTUNGEN

Isny
Juli: Großes Sommerfest, Kinder- und Heimatfest
Juli bis August: Theaterfestival

Kißlegg
August: Internationale Meisterschaften, Isländerhof
September: Weinfest und Kunst & Käse – die längste Käsetheke der Welt
November: Kißlegger Kunstwoche
Information bei
Kulturamt Kißlegg
Tel. 07563/93 61 42

EINKAUFEN

Fabrikverkauf von Hüten und Reststoffen
Mayser
Bismarckstr. 4
88161 Lindenberg
Tel. 08381/50 70

Handweberei
Auftragsarbeiten und Auswahl an Teppichen
Allgäuer Handwebereien
Salzstr. 7–11, 87534 Oberstaufen/Thalkirchdorf
Tel. 08325/92 20

Tour 10

Zu den Gletscherseen

TOUREN-CHECK

4,3 Stunden 212 Kilometer

Das Highlight ist zweifelsohne die sehr beliebte ehemalige Rennstrecke über den Kesselberg zum Walchensee. Sie bietet vor allem auf der Nordrampe reichlich Fahrspaß. Die Kurve im unteren Teil dieser Rampe bietet einen sehr schönen Blick auf den Kochelsee. Auch der Walchensee, der am Ende der flacheren und weniger kurvenreichen Südrampe wartet, ist einen Stopp wert.

Schongau gilt als das »Herzstück des Pfaffenwinkels« und hat seinen Namen den vielen Kirchen und Klöstern zu verdanken. Der Pfaffenwinkel, so nennt der Volksmund das Gebiet zwischen Lech und Ammer, bezieht sich auf ironische Weise auf die vielen Mönchsorden, die sich hier niederließen. Die Straße (B 23) zieht sich durchs Ammergauer Becken, wo sie bei Saulgrub einen dramatischen Knick macht. Nur wer schwindelfrei ist, sollte an der Echelsbacher Brücke anhalten und einen Blick nach unten in die Ammerschlucht wagen – es geht 76 Meter in die Tiefe. Nach dem waghalsigen

Pack die Badehose ein: Erfrischung an den Osterseen

Tipp
Erfrischung gefällig? Das erste runde Wellenbad namens »Wellen-Berg« steht in Oberammergau. Ein modernes Freizeitzentrum mit Frei- und Hallenbad, Sprungbecken, Sauna und Restaurant. Bei angenehmen Wassertemperaturen kann man die Seele baumeln lassen.

Hinüberbeugen über die Ammerschlucht ist Oberammergau zur Beruhigung des Gemüts gerade richtig. Die Stadt präsentiert sich blitzsauber und freundlich. Beeindruckend sind vor allem die bunt bemalten Häuser. »Lüftlmalerei« wird diese Technik genannt und geht auf den Maler Franz Seraph Zwinck zurück, der seine Kunst in luftiger Höhe ausführte.

Urbayerische Idyllen

Grüne Hügel und schneebedeckte Bergkuppen bestimmen hier die Landschaft voller urbayerischer Idyllen. Von **Farchant** aus geht es in lockenden Kehren hinauf auf den

Das erhabene Kloster Ettal

Die Partnachklamm – beeindruckend und beklemmend

Ettaler Sattel, vorbei an der berühmten Klosterkirche von Ettal, deren Gründung auf Kaiser Ludwig IV. zurückgeht. Der Blick entschädigt für die etwas langweilige B 2, die uns ins »Werdenfelser Land« befördert. Karwendel und Wettersteingebirge tauchen imponierend hinter der grandiosen Voralpenlandschaft auf, die sich nach Norden hin in drei Täler öffnet: Partnach, Loisach und Ammer. Im Kontrast zur heiteren Landschaft steht die verfallene Burg Werdenfels zwischen Farchant und Garmisch-Partenkirchen, die zu den gräflichen Zeiten das Gebiet von der Zugspitze bis Murnau am Staffelsee beherrschte. Beherrscht wird auch Garmisch-Partenkirchen, nämlich von den Touristen und dem Durchgangsverkehr in Richtung Brenner bzw. Innsbruck. Der Luftkurort ist seit der Winterolympiade 1936 in der Welt bekannt und bietet für Wintersportler einige Attraktionen.

Tipp

Im Triminibad von Kochel bietet die Hochgeschwindigkeitsrut-sche Rausch pur. 103 Meter Länge, ein Höhenunterschied von neun Metern und etliche Kurven sorgen für Speed. Geöffnet ist das Bad von 9 Uhr bis 20.30 Uhr.

»Der Berg ruft«

Das imposante Kalksteinmassiv der Zugspitze schießt förmlich aus dem Werdenfelser Land hervor. Hoch hinauf geht es auch am berüchtigten und beliebten Kesselberg, der Verbindung zwischen Kochel- und Walchensee. Beschaulich fährt man zuerst am Örtchen Walchensee vorbei. Der Walchensee gehört zu den tiefsten und schönsten Alpenseen in Oberbayern. Vom Fahrenkopf aus, den man mit der Herzogstandbahn erreicht, bietet sich ein weiter Blick über die einsame Insel Sassau und das Karwendelgebirge.

Die Straße am westlichen Ufer schlängelt sich dem Kesselberg entgegen. Das Herz jubiliert, im Magen schlagen sanfte Schmetterlingsflügel, und der Adrenalinspiegel steigt: Der Kesselberg ruft. Die Kesselbergstraße überwindet einen Höhenunterschied von 253 Metern und gehört zu den schönsten Strecken für Motorradfahrer im bayerischen Alpenland. Entsprechend viele Gleichgesinnte trifft man hier. Die Auffahrt von Kochel ist an Wochenenden und Feiertagen gesperrt, aber von Eisiedl/Walchensee nach Kochel ist sie offen. Permanentes Grüßen und Vollgas geben ist dabei nicht drin, es sei denn, man heißt Mick Doohan oder Ralf Waldmann. Die Kehren machen am Kurvenausgang immer weiter zu, und das kann einen ja bekanntlich nach außen tragen. Auf halbem Weg sollte man an der »Aussichtskehre« Halt machen, denn sie offeriert einen herrlichen Blick über die moorigen Niederungen des Kochelsees. Nach schnellen Kurven und engen Serpentinen erreicht man beseelt Kochel. Wer noch nicht genug von Kurven hat, kann sich ins Triminibad begeben.

Seite 133: Der Walchensee – Vorbote des Kesselbergs

Entspannung am Kochelsee

Das Fünfseenland

Wir verlassen die B 11 und fahren bei Penzberg auf die ST 2057. Kurvenreiche Sträßchen führen bei Weilheim an den Osterseen vorbei. Dichtes Grün der Wälder und blühende Wiesen wechseln sich bei Wessobrunn ab mit dem größten ibenwald Europas. In kriegerischen Zeiten wurde das Eibenholz für die Herstellung von Pfeil und Bogen genutzt. Ganz in der Nähe ist der Ammersee, der in einer idyllischen, ländlichen Umgebung liegt. Der See ist für Wochenendausflügler ein beliebtes Ziel und gut situierte Münchner haben hier ihre Wochenendhäuschen. Mitten drin im »Fünfseenland« liegt Dießen, das terrassenförmig am Westufer des Ammersees aufsteigt. Neben seinen zahlreichen Kirchenbauten bietet der Ort eine Hand voll Museen, deren Ausstellungen häufig von der arbeitsgemeinschaft Dießener Kunst organisiert werden. Töpferwaren und Hinterglasmalerei sind typische Angebote des Ortes. Kurvenreich geht es durch Wälder zurück nach Schongau.

Tipp

Von Garmisch-Partenkirchen kann man Deutschlands höchsten Berg erobern: die Zugspitze. Die Zugspitzbahn und die Seilschwebebahn befördern Sie hinauf auf den Gipfel, von dem Sie in 2964 m Höhe einen grandiosen Blick auf Bayern, Tirol und Teile von Italien haben.

10
DEUTSCHLAND
MÜNCHEN
Mammendorf
Fürstenfeldbruck
Klosterlechfeld
Grafrath
Amper
Gilching
Weil
Kaufering
Landsberg a. Lech
Lech
Wörthsee
Seefeld
Würm
Gauting
Baierbrunn
Isar
Straßlach
Utting am Ammersee
Ammersee
Herrsching am Ammersee
Starnberg
Pöcking
Berg
Dießen am Ammersee
Feldafing
Egling
Raisting
Tutzing
Starnberger See
Pähl
Wolfratshausen
Apfeldorf
Rott
Wessobrunn
Ammer
Geretsried
Hohenfurch
Weilheim
Seeshaupt
Schongau
Peißenberg
Peiting
Ostersee
Iffeldorf
Huglfing
Penzberg
Bad Tölz
Bayern
Zwieselberg 1348
Bichl
Rottenbuch
Benediktbeuren
Staffelsee
Riegsee
Steingaden
Soier See
Loisach
Lenggries
Saulgrub
Murnau
Benediktenwand 1801
Kochel
Kochelsee
Kesselberg
Trauchgau
Hohe Bleick 1638
Jochberg 1587
Herzogstand 1731
Oberammergau
Ettaler Manndl 1684
Walchensee
Sylvensteinsee
Bannwaldsee
Kloster Ettal
Ettal
Oberau
Obernach
Hochplatte 2082
Notkarspitze 1889
Krottenkopf 2086
Vorderriß
Fall
Graskopfl 1753
Geierköpfe 2161
Friederspitz 2049
Garmisch Partenkirchen
Wank 1780
Schafreuter 2102
Krün
Soiernspitze 2267
Fleischbank 2026
Plansee
Eibsee
Kreuzeck 1652
Hoher Kranzberg 1391
Östl. Karwendelspitze 2538
Blattberg 2248
Daniel 2342
Waxenstein 2278
Mittenwald
Karwendelspitze 2385
Gamsjoch 2452
Zugspitze 2962
Birkkarspitze 2749
Seekarspitze 2679
Grubigstein 2233
ÖSTERREICH
Hoher Gleirsch 2491
Hochplattig 2759
Hohe Munde 2662
Route
10 km

Die futuristischen
Pilze von Rais

INFORMATION

Tourismusverband für München und Oberbayern
Postfach 600320
81203 München
Tel. 089/8 29 21 80
Fax 089/82 92 18 28
touristinfo@oberbayern.de
www.oberbayern.de

Tourist-Information Peiting
Ammergauerstr. 2
86971 Peiting
Tel. 08861/65 35
Fax 08861/5 91 40
touristinfo.peiting@
t/online.de

Tourist-Information Saulgrub
Kohlgruber Str. 2
82442 Saulgrub
Tel. 08845/10 66
Fax 08845/74 76 20
info@saulgrub.de
www.saulgrub.de

Verkehrsamt Ettal
Ammergauerstr. 8
82488 Ettal
Tel. 08822/35 34
Fax 08822/63 99
info@ettal.de
www.ettal.de

UNTERKUNFT

Ettal

Hotel zur Post
Kaiser-Ludwig-Platz 18
82488 Ettal
Tel. 08822/35 96
Fax 08822/697
info@posthotel/-ettal.de
www.posthotel-ettal.de
DZ ab 53 €, für Motorradfahrer: Garage, Trockenraum
€€

Garmisch/Patenkirchen

Hotel Alpenkranz
Angerstr. 7
82467 Garmisch/Patenkirchen
Tel. 08821/42 17
www.alpenkranz-garmisch-patenkirchen.de
Straßenkarten, Unterstellplatz
€€

Oberammergau

Campingpark Oberammergau
Ettaler Str. 56 b
82487 Oberammergau
Tel. 08822/9 41 05

Roadbook 10 Oberbayerische Seenplatte

Nr.	km	Position	Richtung	Information	
17	212	**bei Hohenfurch**		auf die B 17, weiter in Richtung Schongau	B 17 / 9
16	203	**Rott**		erst links, gleich wieder rechts weiterhin auf der St 2055 bis zur B 17	St 2055 / 5
15	198	**Raisting**		zurück über Dießen in Richtung Wessobrunn	St 2055 / 9
14	189	**Dießen**		in Richtung Raisting	St 2056 / 8
13	181	**hinter Wessobrunn**		rechts halten	St 2055 / 18
12	163	**bei Weilheim**		in Richtung Wessobrunn rechts halten	St 2057 / 19
11	144	**bei Penzberg**		in Richtung Seehaupt/Weilheim rechts halten	St 2063 / 17

Tour 10

Nr.	km	Position	Richtung	Information	
10	127	**Kochel**	↑	in Richtung Penzberg	B 11 / 15
9	112	**bei Walchensee**	↑	Kesselberg – an Sonn- und Feiertagen gesperrt	B 11 / 9
8	103	**Walchensee**	↑	auf der B 11 bleiben	B 11 / 20
7	83	**Krün**	←	landschaftlich schöne Strecke in Richtung Walchensee	B 11 / 13
6	70	**Garmisch-Partenkirchen**	↑	starker Transitverkehr	B 2 / 15,5
5	54,5	**Oberau**	→	rechts abbiegen in Richtung Garmisch-Partenkirchen – dramatische Kehren	B 2 / 8,5
4	46	**bei Ettal**	↑	auf der B 23 bleiben Kloster Ettal	B 23 / 5
3	41	**bei Peiting**	←	in Richtung Oberammergau Ammergauer Becken	B 23 / 31

2	10	**bei Schongau**	der B 472 nach links folgen Richtung Echelsbacher Brücke		**B 472** 7,5
1	2,5	**bei Schongau**	Richtung Markoberdorf		**B 472** 2,5

Fax 08822/9 41 97
service@camping-oberammergau.de
www.campingpark-oberammergau.de
Ganzjährig geöffnet

Turmwirt Minotel
Ettaler Str. 2
82487 Oberammergau
Tel. 08822/9 26 00
Fax 08822/14 37
turmwirt@t-online.de
www.turmwirt.de
DZ ab 80 €, für Motorradfahrer: Stellplatz, Trockenraum, Tourentipps

Schongau

Hotel Holl
Altenstädterstr. 39
86956 Schongau
Tel. 08861/2 33 10
Fax 08861/23 31 12
info@hotel-holl-schongau.de
www.hotel-holl-schongau.de
Garage,Unterstellplätze, Trockenraum, Waschplatz, Leihwerkzeug
€

Walchensee

Gästehaus Seehof – garni
Seestrasse 44
82432 Walchensee
Tel. 08858/2 22
Fax 08858/92 90 88
seehof@walchensee.net
Parkplatz am Haus. Garagenstellplätze
€€

ESSEN & TRINKEN

Seefelder Hof
Alexander-Kuister-Weg 6
86911 Dießen
Tel. 08807/10 22
Fax 08807/10 24
info@seefelder-hof.de
www.seefelder-hof.de

Turmwirt Minotel
Restaurant und Café
Ettaler Str. 2
82487 Oberammergau
Tel. 08822/9 26 00
Fax 08822/14 37
turmwirt@t-online.de
www.turmwirt.de

VERANSTALTUNGEN

Besichtigung des Erlebniskraftwerkes mit Führung
Treffpunkt: Infocenter am Walchensee-Kraftwerk
Veranstalter: info@kochel.de
Tel. 08851/3 38
Fax 08851/55 88
www.walchensee.net

Erdfunkstelle in Raisting
Satellitenübertragungsstation. Besichtigung nach Voranmeldung
Ton-Bild-Schau:
Werktags von 8 – 17 Uhr geöffnet, Wochenende von 12 – 16 Uhr geöffnet
www.raisting.de/erdfunkstelle

Serpentinenstrecke und ehemaliger Rennkurs: Kesselbergstraße
Von Kochel aus nur werktags offen. Am Wochenende und an Feiertagen ist die Strecke bergwärts (von N nach S) für Motorradfahrer gesperrt! Auch sonst gibt es reichliche Kontrollen im Hinblick auf Geschwindigkeit und Beachtung des Überholverbotes.

Pfronten-Berg mit der Pfarrkirche St. Nikolaus vor dem Breitenberg

Motorradfahrer auf der B 308 beim Alpsee vor Immenstadt